ERZÄHL MIR VON
WEIHNACHTEN

ERZÄHL MIR VON WEIHNACHTEN

DAS KOCHBUCH

mit festlichen Rezepten, wahren Geschichten
und wunderbaren Überraschungen

Rezepte von Alexander Höss-Knakal
Fotos von Melina Kutelas

Erzähl mir von Weihnachten

Inhalt

Vorwort

Liebe Leserinnen und Leser,

was macht Weihnachten so besonders? Ist es das Festessen oder das
Auspacken der Geschenke? Der Duft des Tannenbaums oder das
Zusammentreffen der Familie? Ich glaube, es sind die Erinnerungen,
die wir mit diesem wunderbaren Fest verbinden. Erinnerungen, die
wir festhalten möchten, weil sie diese besondere Zeit im Jahr so sehr
prägen. Wir freuen uns auf die traditionellen Familienrezepte, die von
Generation zu Generation weitergegeben werden. Wir denken an unsere
Liebsten, schreiben Karten, schmücken den Weihnachtsbaum und
bemühen uns um eine besonders festliche Stimmung. Schon als Kind
bedauerte ich Freunde, die die schönste Zeit des Jahres bei Verwandten
verbrachten oder gar in Urlaub fahren mussten. Weihnachten woanders
als zu Hause? Unvorstellbar! Auch heute noch wäre es mir unmöglich,
diese kostbaren Tage im Dezember fern von daheim und ohne meine
Liebsten verbringen zu müssen. Weihnachten war und ist immer ein
großes und aufregendes Familienfest. Und auch die Adventszeit hatte
für mich stets etwas Magisches. Es war eine andere Zeit, damals in den
50er Jahren. Eine Zeit, die wir Kinder ganz und gar genossen – während
die Eltern enorm beschäftigt waren. Und trotzdem nahmen sie sich Zeit
für uns. Gemeinsam lasen wir Weihnachtsgeschichten, wie zum Beispiel
„Warum das Christkind lächeln musste" von Karl Heinrich Waggerl,
und sangen Lieder. „Es ist ein Ros' entsprungen" und „Stille Nacht,
Heilige Nacht" kommen mir sogleich in Erinnerung. Zwei Lieder, die
ich auch heute noch besonders mag.
Natürlich hat meine Mutter auch emsig gebacken: Stollen und Plätzchen
in allen Variationen, Spekulatius, Vanillekipferl und Zimtsterne.
Leckereien, die wir Kinder dann auf unseren Weihnachtstellern fanden.
Neben den süßen Sachen aber gab es immer auch eine Apfelsine und zwei
Äpfel. „Damit die Teller voll sind", höre ich noch heute meine Mutter
sagen. Unmengen an Lutschbonbons und Schokolade, das war einfach
unbezahlbar. Und bis heute mag ich den purpurroten Abendhimmel, der
sich in den Dezembermonaten zeigt. Denn – vielleicht wissen Sie das gar
nicht – dann backen die Englein all die vielen Plätzchen für uns!
Doch nicht nur in der Vorweihnachtszeit hatten meine Eltern alle Hände

voll zu tun. Auch am Heiligabend selbst zeigten sie sich noch sehr betriebsam, denn der Tag war damals ein ganz normaler Arbeitstag; erst am Nachmittag hatten die Menschen frei. So musste meine Mutter, die Schneidermeisterin war, bis zur letzten Minute am Kleid einer Kundin arbeiten, und mein Vater werkelte ebenfalls am 24. Dezember in seiner Tischlerei. Erst am Nachmittag besorgte er den Weihnachtsbaum, den er anschließend schmückte. Einmal, und daran erinnere ich mich wie heute, kam er nach Hause und hatte nur einen kleinen, schiefen und fast nadellosen Baum unter dem Arm. Sie können sich vorstellen, wie traurig dieser Baum aussah? Doch nicht nur der Baum sah traurig aus: Meine Mutter weinte, ich war enttäuscht und das ganze Fest schien schon gelaufen. Aber Sie glauben gar nicht, was weihnachtlicher Spirit und schöne Ornamente bewirken können. Noch heute besitzen wir Teile dieses Weihnachtsschmucks, der damals neben Zuckerkringeln und Plätzchen den Tannenbaum in einen Weihnachtsbaum verwandelte. Das Schönste war dann der 6. Januar: der Tag der Heiligen Drei Könige. An diesem Tag durften wir Kinder den Baum endlich plündern – und wehe, wenn jemand schon vorher genascht hatte.

Das sind magische Erinnerungen für mich. Mit diesem Buch möchten wir uns gemeinsam mit Ihnen auf eine ebenso magische Reise in die Weihnachtszeit begeben. So finden Sie auf den nächsten Seiten nicht nur wunderbare Rezepte für das Festtagsmenü und die Weihnachtsbäckerei, sondern auch wahre Geschichten: echte Begebenheiten, die so nur in der Weihnachtszeit passieren können, zum Schmunzeln anregen oder nachdenklich stimmen. Sicher werden beim Lesen auch bei Ihnen Erinnerungen wach ... Und weil die Weihnachtszeit eine Zeit der kleinen und großen Überraschungen ist, hält auch dieses Buch einige wunderschöne Extras für Sie bereit.

Ein Fest mit vielen glücklichen Stunden wünscht Ihnen

Festliche

KLEINIGKEITEN

THUNFISCHTATAR
mit Chinakohl, Kapern und Mango

ZUBEREITUNGSZEIT: 30 MIN.

Für 4 Personen

Für den Tatar
200 g frisches Thunfischfilet
(Sushi-Qualität)
Saft und Abrieb von
1 Bio-Limette
1 TL frisch gehackte
Korianderblätter
3 EL Olivenöl
1 ½ EL helle Sojasoße
Salz
frisch gemahlener
schwarzer Pfeffer

Für den Chinakohl
½ Chinakohl
1 EL Kapernbeeren (Glas)
Saft von 1 Limette
1 EL Olivenöl

Außerdem
1 Mango
1 EL Crème fraîche
Saft von 1 Limette
1 Handvoll Blutampfer
1 EL frische Korianderblätter
Dessertring (ø 8 cm)

Das Thunfischfilet in nicht zu feine Würfel schneiden. Limettensaft und -abrieb, Koriandergrün, Olivenöl und Sojasoße vorsichtig mit den Thunfischwürfeln vermengen. Mit Salz und Pfeffer würzen.

Den Chinakohl putzen und in feine Streifen schneiden. Kapernbeeren grob hacken. Die Zutaten mit Limettensaft und Olivenöl vermischen.

Die Mango schälen, entsteinen und in feine Streifen schneiden. Crème fraîche mit Limettensaft verrühren, mit Salz würzen und mit einem Löffel auf 4 Teller verteilen. Den Dessertring jeweils auf die Teller setzen, das Thunfischtatar portionsweise einfüllen und leicht andrücken. Den Ring entfernen. Mit Mangostreifen und Chinakohl anrichten und mit Blutampfer und Korianderblättern dekorieren.

MAISSUPPE
mit Korianderpesto

ZUBEREITUNGSZEIT: 35 MIN.

Für 4 Portionen

Für das Korianderpesto
1 EL Haselnüsse
1 Bund Koriander
50 ml Olivenöl
20 g Parmesan
Salz
frisch gemahlener
schwarzer Pfeffer

Für die Suppe
½ Zwiebel
1 Knoblauchzehe
1 rote Chilischote
20 g Ingwer
1 TL Butter
1 EL Speiseöl
500 g Mais (TK oder Dose)
500 ml klare Gemüsebrühe
250 ml Kokosmilch
Salz
frisch gemahlener
schwarzer Pfeffer

Außerdem
Korianderblätter zum
Garnieren

Für das Pesto die Haselnüsse in einer Pfanne ohne Fett rösten und auskühlen lassen. Den Koriander abbrausen und trocken tupfen. Haselnüsse und Koriander mit den restlichen Zutaten im Küchenmixer zu Pesto verarbeiten.

Für die Suppe Zwiebel und Knoblauch schälen und würfeln. Die Chili von Samen und Scheidewänden befreien. Eine Hälfte fein hacken, die andere Hälfte in Streifen schneiden und beiseitestellen. Den Ingwer schälen und fein hacken. Zwiebel, Knoblauch, gehackte Chili und Ingwer in einem Topf in Butter und Öl anrösten. Den Mais zugeben und 2–3 Min. anschwitzen. Die Gemüsebrühe angießen und die Suppe 15 Min. schwach köcheln lassen. Anschließend mit dem Stabmixer pürieren und durch ein Sieb passieren. Kokosmilch zugeben. Die Suppe mit Salz und Pfeffer würzen, mit dem Stabmixer aufschäumen, auf Teller verteilen und mit Pesto, Chili und Korianderblättern garnieren.

FORELLEN-CEVICHE
mit Gurken, Radieschen und Koriander

ZUBEREITUNGSZEIT: 3o MIN.

Für 4 Persoonen

Für den Ceviche
1 Passionsfrucht
50 ml Olivenöl
Meersalz
frisch gemahlener
schwarzer Pfeffer
Saft von ½ Zitrone
4 Forellenfilets mit Haut

Außerdem
3 Radieschen
1 Minigurke
10 g frischer Koriander

Für die Ceviche-Marinade die Passionsfrucht halbieren. Kerne und Saft mit einem Löffel herausschaben, mit Olivenöl vermischen und mit Meersalz, Pfeffer und Zitronensaft würzen.

Die Forellenfilets mit einer Grätenzange von den Gräten befreien und mit einem sehr scharfen Messer in feine Scheiben schneiden, dabei den Fisch von der Haut lösen.

Die Radieschen putzen und in feine Scheiben schneiden. Mit dem Sparschäler die Gurke längs in dünne Scheiben schneiden. Die Gurkenscheiben zu Röllchen drehen.

Vier Teller dünn mit Marinade bepinseln. Die Forellenscheiben darauflegen und die restliche Marinade darübergeben. Mit Radieschen und Gurkenröllchen anrichten und mit Koriander und frisch gemahlenem schwarzem Pfeffer bestreuen.

DOMINOSTEINE

Für 2 Bleche

Für den Teig:
200 g Mehl, 100 g Zucker, 50 g gemahlene Haselnüsse, 125 g zimmerwarme
Butter, 2 Eier, 1 Pck. Vanillezucker, 1 Pck. Backpulver, 1 Msp. gemahlener Zimt,
abgeriebene Schale von 1 Bio-Orange, 3 EL Kakao, 3 EL Milch

Für die Füllung:
150 g Fruchtgelee (z.B. Johannisbeergelee), 200 g Marzipan,
100 g Puderzucker, 3 TL Rum

Außerdem:
400 g dunkle Schokoladenglasur, Puderzucker für die Arbeitsfläche

Den Ofen auf 200 °C (Umluft 180 °C) vorheizen. Zwei
Backbleche mit Backpapier auslegen.
Für den Teig alle Zutaten außer Kakao und Milch in einer
großen Schüssel zu einer lockeren Masse verkneten.
Den Teig teilen, eine Hälfte auf einem der Backbleche
verstreichen. Kakaopulver und Milch mit einer Gabel
verrühren, dann in den restlichen Teig einarbeiten und
die Masse auf dem zweiten Backblech verstreichen. Beide
Teige ca. 10 Min. backen (Stäbchenprobe machen), dann
herausnehmen und abkühlen lassen.
Für die Füllung das Fruchtgelee erwärmen und glatt
rühren. Zwei Drittel davon auf die helle Teigplatte streichen. Das Marzipan mit dem Puderzucker und dem Rum
verkneten, bis eine geschmeidige Masse entsteht. Diese
auf der mit Puderzucker bestäubten Arbeitsfläche auf die
Größe der bestrichenen Teigplatte ausrollen und obenauf
legen. Mit dem restlichen Fruchtgelee bestreichen, die
dunkle Teigplatte darauflegen und vorsichtig andrücken.
In ca. 3 x 3 cm große Würfel schneiden, Schokoladenglasur
nach Anleitung erwärmen und die Würfel damit
überziehen.

Aachener Printen

Für 2 Bleche

*250 g Zuckerrübensirup, 1 gestr. TL Pottasche, 50 g
brauner Zucker, 75 g weißer Kandiszucker, 300 g Mehl,
je 1 TL gemahlener Zimt, Anis und Ingwer, je ¼ TL gemahlene Nelken, Kardamom, Koriander und Piment,
Milch zum Bestreichen*

2–3 Tage vor dem Backen den Sirup mit 2 EL Wasser
aufkochen. Pottasche mit 1 EL Wasser verrühren und
zugeben. Beide Zuckersorten einrühren, unter Rühren
erkalten lassen. Mehl und Gewürze untermischen.
Zugedeckt bei Zimmertemperatur ruhen lassen.
Am Backtag den Ofen auf 180 °C (Umluft 160 °C)
vorheizen, Bleche mit Backpapier auslegen. Teig nochmals
kneten, ca. 5 mm dick ausrollen. In ca. 3 x 8 cm große
Rechtecke schneiden, mit Milch bestreichen und auf die
Backbleche legen. Ca. 15 Min. backen, vor dem Abkühlen
vom Backpapier lösen.

RÄUCHERFISCHTERRINE
mit Chicorée und Kaviar

ZUBEREITUNGSZEIT: 40 MIN.

Für 1 Terrinenform

Für die Fischterrine
5 Blatt Gelatine
250 ml Sahne
1 Bund Mangold
200 g Räucherforelle oder
anderer Räucherfisch
150 g Joghurt (3,5 % Fett)
Saft von 1 Zitrone
Salz
frisch gemahlener
schwarzer Pfeffer

Für den Salat
4 rote Chicorée
130 g Friseesalat, alternativ
gemischte Salate
1 EL Olivenöl
Saft von 1 Zitrone
Salz

Außerdem
1 Terrinenform (10 cm lang,
5 cm hoch)
1 Glas Forellenkaviar
Basilikumblätter zum
Dekorieren

Für die Fischterrine die Gelatine in reichlich kaltem Wasser 10 Min. einweichen. Die Sahne leicht aufschlagen und kalt stellen. Mangold waschen, putzen und die Blätter in einem großen Topf mit kochendem Wasser 2 Min. blanchieren. Herausnehmen, kalt abschrecken und trocken tupfen.

Die Terrinenform mit Frischhaltefolie auslegen und mit den Mangoldblättern leicht überlappend auskleiden; am Rand sollten die Blätter überhängen. Den Räucherfisch klein schneiden und mit Joghurt im Küchenmixer oder mit dem Stabmixer fein pürieren. Den Zitronensaft in einem Topf leicht anwärmen. Die Gelatine gut ausdrücken und darin auflösen. Die Mischung mit der Fischmasse vermengen. Die Sahne unterheben. Mit Salz und Pfeffer würzen.

Die Creme in die Form geben, die überhängenden Mangold-blätter darüberlegen, sodass die Creme komplett mit dem Mangold bedeckt ist. Die Terrine mit Frischhaltefolie abdecken und ca. 5 Std. kalt stellen.

Für den Salat den Chicorée halbieren. Friseesalat abzupfen. Beide Salate gut waschen und trocken tupfen. Olivenöl, Zitronensaft und Salz verrühren und mit dem Salat mischen.

Die Terrine aus der Form stürzen und in Scheiben schneiden. Mit dem Salat und jeweils 1 TL Forellenkaviar anrichten und mit Basilikumblättern dekorieren.

Alle Jahre wieder

Wenn das Jahr zu Ende geht und der Winter das Land mit einer Eisdecke überzieht, breitet sich eine Stille aus, in welcher sich die Abwesenheit vieler Singvögel bemerkbar macht. Sie ziehen fort aus unseren kühleren Gefilden und verbringen die kalte Jahreszeit lieber an einem wärmeren Ort. Ähnlich wie die Zugvögel hielt es auch meine Familie – zu Weihnachten flogen wir jedes Jahr gen Süden, um dort Heiligabend in einem kleinen alten Fischerhaus an der Algarve zu verbringen. Nur meine Mutter, mein Vater, meine Schwester und ich.

Bevor wir jedoch unsere Reise antraten, feierten wir traditionell immer noch ein kleines Weihnachtsfest bei meiner Oma – ein Vorweihnachten sozusagen. Zu den wichtigsten Ritualen zählte der alljährliche Braten, der von Omas Tellern mit dem goldenen Rand gegessen wurde – dem guten Porzellan, was wirklich nur zu ganz besonderen Anlässen aus dem Schrank hervorgeholt wurde. Scheinbar in ihre Kindheit zurückversetzt, lieferten sich mein Vater und seine Schwester jedes Jahr einen Wettstreit, wer mehr Kartoffelklöße verdrücken konnte. Aber der eigentliche Höhepunkt jedes Vorweihnachtens war der Nachtisch. Oma servierte ihre legendäre Weincreme, auf die die ganze Familie seit den ersten kühlen Tagen hinfieberte. Glücklich verließen wir Omas Haus und machten uns auf den Weg zu unserem besonderen Rückzugsort im Süden Portugals. Immer, wenn das kleine Fischerhaus in Sicht kam, stieg in uns allen ein wohliges Gefühl auf. Endlich Ruhe, endlich Abstand vom Alltag.

An der Algarve war es zwar deutlich wärmer als im winterlichen Deutschland, doch auch hier wehte oft ein starker Wind vom Meer hinauf zu unserem Fischerhäuschen, wo er kühl durch die Fensterläden pfiff. Wie in den meisten dieser Häuser gab es keine Heizung, und wir versammelten uns um den Kamin, um uns zu wärmen und stundenlange Gespräche zu führen. Der Ofen qualmte oft sehr, und wir scherzten, dass wir uns so geräuchert vorkamen wie der Fisch, der auf den Märkten verkauft wurde. So verbrachten wir die Zeit bis Heiligabend auch ohne Computer, Internet und Fernseher ganz wunderbar gemeinsam. Wenn es dann endlich so weit war, stellten meine Eltern im ganzen Haus Kerzen auf, deren Flammen im Luftzug flackerten.

In dieser Atmosphäre des Lichts und der Wärme lauschten wir der Weihnachtsgeschichte und schnupperten schon den Duft des Festessens, das bereits auf uns wartete.

Anna Louisa Duckwitz

Omas Weinkrem

2 Tassen Wein
3 Eier
1 Eßl. Mondamin
4 Eßl. Zucker
1/2 Zitrone
Saft und Schale
1 Vanillezucker

Alle Zutaten in
einem Topf geben
und in einem
heißen Wasserbad
schlagen, bis die
Krem anfängt,
steif zu werden.
In Gläser füllen
und kalt stellen.
Mit viel Schlagsahne
und Trauben
verziert anrichten.

GEBRATENE FORELLENFILETS
mit Grapefruit und mariniertem Weißkraut

ZUBEREITUNGSZEIT: 40 MIN.
Für 4 Personen

Für das marinierte Weißkraut
½ Weißkohl (ca. 400 g)
1 Stück Ingwer (2 cm)
1 kleine rote Chilischote
5 Koriandersamen
Saft von 1 Limette
1 TL Currypulver
1 TL Zucker
2 EL Olivenöl
1 EL Weißweinessig
½ TL Salz

Für die Forelle
4 Forellenfilets (à 120 g)
Salz
frisch gemahlener
schwarzer Pfeffer
Saft von 1 Zitrone
2 EL Sonnenblumenöl

Außerdem
1 Grapefruit
etwas Brunnenkresse
zum Dekorieren

Die Weißkohlblätter vom Strunk befreien und von Hand oder mit der Küchenmaschine in feine Streifen schneiden. Den Ingwer schälen und fein hacken. Die Chilischote von Samen und Scheidewänden befreien und in feine Streifen schneiden. Die Koriandersamen im Mörser fein mahlen. Ingwer, Chili und Koriander mit den restlichen Zutaten zu einer Marinade verarbeiten. Mit dem Kraut vermischen und 20 Min. ziehen lassen.

Die Forellenfilets entgräten und der Länge nach halbieren. Mit Salz, Pfeffer und Zitronensaft würzen. Sonnenblumenöl in einer Pfanne erhitzen und die Forellenfilets darin auf der Hautseite 2 Min. braun anbraten. Wenden und nochmals 1 Min. braten.

Die Grapefruit schälen und in dünne Scheiben schneiden. Den Krautsalat auf Teller verteilen. Forellenfilets und Grapefruitscheiben darauf anrichten. Mit Brunnenkresse dekorieren.

FRÜHSTÜCKSTOAST
mit pochiertem Ei und Kresse

ZUBEREITUNGSZEIT: 35 MIN.

Für 4 Persoonen

4 Eier
1 EL Apfelessig
Salz
4 Scheiben Toastbrot
125 g junger Blattspinat
2 EL Butter
Salz
frisch geriebene Muskatnuss
200 g feiner Beinschinken
1 Schale Gartenkresse
frisch gemahlener
schwarzer Pfeffer

Außerdem
Tannenbaum- oder
Sternausstecher (5 cm hoch)

Die Eier nacheinander aufschlagen und je 1 Ei behutsam in ein kleines Glas gleiten lassen, dabei das Eigelb nicht zerstören. 500 ml Wasser in einem Topf mit dem Apfelessig aufkochen. Den Topf vom Herd nehmen. Die Eier nacheinander aus den Gläsern ins heiße Wasser gleiten lassen; das Wasser sollte nicht mehr kochen. Damit die pochierten Eier ihre Form behalten, das Eiweiß vorsichtig mit einem Löffel um das Eigelb legen. Die Eier jeweils 4 Min. ziehen lassen, bis das Eiweiß gestockt ist. Mit einer Schaumkelle herausheben, leicht abtropfen lassen und mit etwas Salz würzen.

Mittig aus den Toastscheiben jeweils einen Tannenbaum oder Stern ausstechen. Beide Toastteile jeweils beidseitig toasten. Den Blattspinat putzen. Butter in einer Pfanne erhitzen und den Blattspinat darin kurz anschwitzen. Mit Salz und Muskatnuss würzen.

Die Toastscheiben auf Teller legen und das ausgestochene Loch jeweils mit Blattspinat füllen. Mit Schinken, pochiertem Ei und dem ausgestochenen Toaststück anrichten, mit Kresse garnieren und mit Pfeffer bestreuen.

Ananas-Marzipan-Sterne

Ergibt ca. 30 Stück

75 g kandierte Ananas, 200 g Marzipanrohmasse,
50 g Puderzucker, 50 g geschälte gemahlene Mandeln,
1 Prise Spekulatiusgewürz, 2 EL Rum
100 g weiße Kuvertüre

50 g kandierte Ananas fein hacken. Mit Marzipanrohmasse, Puderzucker, Mandeln, Spekulatiusgewürz und
Rum verkneten. Die Masse zwischen Frischhaltefolie ca.
1 cm dick ausrollen. Mit einer Ausstechform ca. 30 Sterne
ausstechen und auf ein mit Frischhaltefolie ausgelegtes
Blech legen. Die Marzipansterne ca. 30 Min. in den
Kühlschrank stellen. Die Kuvertüre nach Packungsangabe
schmelzen lassen. Die Sterne in die Schokolade tauchen
und auf ein Kuchengitter legen. Übrige kandierte Ananas
in Streifen schneiden. Die Sterne mit den Ananasstreifen
verzieren und die Schokolade trocknen lassen.

Tipp: Die Sterne am besten in eine verschließbare Dose
zwischen Frischhaltefolie oder Butterbrotpapier schichten
und kühl aufbewahren. So halten sie am längsten.

PEKANNUSSKEKSE MIT SCHOKOFÜLLUNG

Ergibt 15 Stück

*60 g Pekannüsse, 100 g zimmerwarme Butter,
70 g Rohrohrzucker, 110 g Mehl,
1 TL Backpulver, 2 TL Espressopulver,
1 kleines Ei, 100 g Zartbitter-Schokoaufstrich
(z.B. aus dem Bioladen)*

40 g Pekannüsse fein hacken. Butter und Zucker schaumig
schlagen. Mehl mit Backpulver und Espressopulver
mischen und zugeben. Ei ebenfalls zufügen und verrühren.
Nüsse unterheben. Aus der Masse kleine Kugeln formen,
in den restlichen Pekannüssen wälzen, etwas flach drücken
und mit Abstand auf ein mit Backpapier ausgelegtes Blech
setzen. Im vorgeheizten Backofen bei 180 °C Umluft
10 Min. backen. Die Zartbittercreme auf jeweils einen
Keks auftragen und einen zweiten daraufsetzen.

FRÜHSTÜCKS-BRATÄPFEL

ZUBEREITUNGSZEIT: 20 MIN.

Für 4 Personen

4 kleine rote Äpfel
1 Vanilleschote
70 g Butter plus 1–2 EL
zum Braten
80 g Zucker
2 Stück Sternanis
1 Zimtstange
Saft von 1 Zitrone
350 ml Apfelsaft
8 Scheiben Brioche

Außerdem
Sternausstecher in unter-
schiedlichen Größen

Die Äpfel in 1 cm breite Scheiben schneiden, das Kerngehäuse in der Mitte ausstechen. Die Vanilleschote längs halbieren und das Mark herausschaben.

70 g Butter in einer Pfanne schmelzen. Den Zucker zugeben und leicht karamellisieren lassen. Die Apfelscheiben zufügen und beidseitig dünsten. Vanillemark und -schote, Sternanis, Zimtstange sowie den Zitronensaft zugeben. Mit dem Apfelsaft ablöschen. Die Flüssigkeit leicht köcheln lassen, bis sich der Zucker aufgelöst hat. Die Apfelscheiben 4 Min. ziehen lassen.

Aus den Briochescheiben Sterne ausstechen. Butter in einer Pfanne erhitzen und die Briochesterne beidseitig braten. Mit den Apfelscheiben anrichten.

GEWÜRZBROT

ZUBEREITUNGSZEIT: 45 Min.
(ohne Gehzeit und Backzeit)

Für 2 Laibe

Für den Vorteig
280 g Weizenmehl (Type 550)
100 g Hartweizengrieß
12 g frische Hefe

Für den Hauptteig
500 g Weizenmehl (Type 1050
oder 550) plus etwas für die
Arbeitsfläche und zum
Bestreuen
20 g Salz
250 ml kaltes Wasser
30 ml Olivenöl
1 TL Fenchelsamen
1 TL Kümmelsamen
1 TL Koriandersamen
1 TL Apfelessig

Außerdem
1 Bund Schnittlauch
Butter
Meersalz

Für den Vorteig Mehl, Grieß, Hefe und 360 ml kaltes Wasser in einer Schüssel verkneten. Mit Frischhaltefolie abdecken und 3 Std. bei Zimmertemperatur ruhen lassen. Über Nacht in den Kühlschrank stellen.

Für den Hauptteig Mehl, Salz und Wasser mit dem Knethaken der Küchenmaschine verkneten. Olivenöl zugeben und langsam weiterkneten. Den Vorteig sowie Fenchelsamen, Kümmelsamen, Koriandersamen und Apfelessig zugeben und den Teig weiterkneten, bis er sich von der Schüssel löst. Abgedeckt 3 Std. bei Zimmertemperatur ruhen lassen.

Den Teig auf der bemehlten Arbeitsfläche kurz durchkneten. Ein Drittel des Teigs zu einem Laib formen. Den restlichen Teig zu einem langen gedrehten Wecken formen. Beide Laibe auf ein mit Backpapier ausgelegtes Backblech legen und mit etwas Mehl bestreuen. 30 Min. ruhen lassen. Den Backofen auf 250 °C Ober- und Unterhitze vorheizen.

Eine feuerfeste Form mit ca. 300 ml Wasser in den Backofen stellen. Die Brote 20 Min. backen; anschließend die Temperatur auf 210 °C reduzieren und die Brote weitere 30 Min. backen. Danach die Temperatur auf 190 °C reduzieren und die Brote weitere 10 Min. backen. Auskühlen lassen. Mit frisch gehacktem Schnittlauch, Butter und Salz servieren.

APFEL-ZIMT-SCONES

ZUBEREITUNGSZEIT: 45 Min.
(ohne Gehzeit)

Für 12 Stück

Für die Scones
500 g Mehl (Type 405) plus
etwas für die Arbeitsfläche
1 Pck. Backpulver
1 Prise Salz
1 Pck. Vanillezucker
3 EL Puderzucker
150 g sehr weiche Butter
4 Eier
250 g Joghurt (3,5 % Fett)

Für die Füllung
2 Äpfel
40 g Butter
40 g Zucker
1 Zimtstange
175 g Frischkäse

Außerdem
runde Ausstechform
(ø ca. 6 cm)

Für die Scones Mehl in eine große Schüssel sieben und
mit Backpulver, Salz, Vanillezucker und Puderzucker
vermischen. Butter zugeben und die Zutaten mit den Händen
zu feinen Streuseln verarbeiten. 3 Eier mit dem Joghurt
verrühren und zu den Streuseln geben. Den Teig mit einem
Kochlöffel glatt rühren.

Den Backofen auf 170 °C vorheizen. Den Teig auf der leicht
bemehlten Arbeitsfläche kurz mit den Händen durchkneten
und ca. 4 cm dick ausrollen. Mit der Ausstechform Kreise
ausstechen. Die Teiglinge auf ein mit Backpapier ausgelegtes
Backblech legen. Das restliche Ei verquirlen und die Scones
damit bestreichen. Ca.15 Min. backen. Abkühlen lassen.

Für die Füllung die Äpfel in 1 cm breite Scheiben schneiden,
das Kerngehäuse ausstechen. Butter und Zucker in einer
Pfanne schmelzen. Die Apfelscheiben mit der Zimtstange
zugeben und einige Minuten weich dünsten. Den Frischkäse
glatt rühren. Die Scones horizontal aufschneiden und mit
Frischkäse und Apfelscheiben füllen.

HERZHAFTE AUFSTRICHE

ZUBEREITUNGSZEIT: 45 Min.

Für 4 Personen

CURRYAUFSTRICH

50 g weiche Butter
250 g Quark (20 % Fett)
1 EL Currypulver
Meersalz
frisch gemahlener
schwarzer Pfeffer

Für den Curryaufstich die Butter schaumig schlagen, mit Quark und Currypulver verrühren und mit Salz und Pfeffer würzen.

MÖHREN-NUSS-AUFSTRICH

300 g Möhren
1 säuerlicher Apfel
1 EL Honig
Salz
frisch gemahlener
schwarzer Pfeffer
100 ml Joghurt (3,5 % Fett)
50 g Paranüsse

Für den Möhren-Nuss-Aufstrich Möhren und Apfel schälen, den Apfel vom Kerngehäuse befreien. Beides grob reiben und in einer Schüssel mit Honig, Salz, Pfeffer und Joghurt verrühren. Die Paranüsse grob hacken und in einer Pfanne ohne Fett bei geringer Hitze einige Minuten hellbraun rösten. Auskühlen lassen und in den Aufstrich rühren.

CHILI-KARTOFFEL-AUFSTRICH

400 g mehligkochende
Kartoffeln
Meersalz
1 kleine rote Chilischote
1 Knoblauchzehe
1 Zwiebel
40 g weiche Butter
200 g saure Sahne
Salz
frisch gemahlener
schwarzer Pfeffer
1 Bund Schnittlauch

Für den Chili-Kartoffel-Aufstrich die Kartoffeln in Salzwasser weich kochen, pellen und in einer Schüssel grob mit einer Gabel zerdrücken. Die Chili halbieren, entkernen und fein hacken. Knoblauch und Zwiebel schälen, fein hacken und mit Chili, Butter, saurer Sahne, Salz und Pfeffer unterrühren. Den Schnittlauch abbrausen, trocken tupfen, in Röllchen schneiden und darüberstreuen.

Das Schneewunder

Seit ich denken kann, war es einer meiner innigsten Wünsche, dass es
an Weihnachten schneien möge. Auch heute noch schaue ich im Advent
auf die Wetterprognosen und hoffe, dass Schnee kommt. Und manchmal
werden Weihnachtswünsche ja tatsächlich erfüllt.
Unser Leben mit zwei Jobs und zwei Kindern inmitten der trubeligen
Großstadt war anstrengend. Erst im September war ich zum zweiten
Mal Mutter geworden und freute mich sehr auf ein paar ruhige
Festtage. Unsere älteste Tochter sang im Kinderchor der Kirche mit
und so versammelten wir uns samt Baby mit Freunden und Nachbarn
am Nachmittag des 24. Dezembers zum Krippenspiel in dem großen
neoromanischen Bau. Das Baby war etwas unruhig und so stieg ich mit
ihm auf die weite Empore hinauf. Ich ging mit der Kleinen auf und ab,
während ich sie in meinen Armen wiegte. Von oben hatte ich einen
guten Blick auf das Kirchenschiff. Dort standen die Kinder und sangen:
„Vom Himmel hoch" und „Ihr Kinderlein kommet". Der ganze Raum
füllte sich mit weihnachtlicher Musik, während es draußen langsam
dunkel wurde. Durch die großen Fensterrosen fiel warm das Licht der
Straßenlaternen. Das Baby lächelte mich an. Ein fast perfekter Beginn
des Weihnachtsfestes. Fehlt eigentlich nur noch der Schnee, dachte
ich. Da blickte ich wieder hinaus und konnte es kaum fassen. Plötzlich
segelten dicke Flocken an den Fenstern vorbei. Erst nur ein paar, dann
immer mehr. Es hatte tatsächlich zu schneien begonnen! Was für ein
magischer Moment: Der Kirchenraum war von tausend Kerzen erhellt,
die Kinder sangen, der ersehnte Schnee fiel – und Weihnachten war da!

Simone Beck

RÄUCHERLACHSRÖLLCHEN
auf Dillcreme und Salat

ZUBEREITUNGSZEIT: 45 MIN.

Für 4 Personen

Für die Lachsröllchen
1 Blatt Gelatine
330 g Räucherlachs
175 g Frischkäse
1 EL frisch gehackter Dill

Für die Dillcreme
2 EL Dijonsenf
50 g Honig
200 g saure Sahne
1 EL frisch gehackter Dill
1 Prise Salz

Für den Salat
130 g gemischter
Blattsalat oder Wildsalat
2 EL Olivenöl
Saft von 1 Zitrone
Salz
frisch gemahlener schwarzer
Pfeffer

Die Gelatine in reichlich kaltem Wasser einweichen. Die Räucherlachsscheiben leicht überlappend auf ein Stück Frischhaltefolie legen. Die Gelatine gut ausdrücken, in einem Topf bei sehr schwacher Hitze unter Rühren auflösen und anschließend mit Frischkäse und Dill verrühren. Die Masse auf dem Räucherlachs verteilen und glatt streichen. Das Ganze vorsichtig zu einer Rolle formen. In Frischhaltefolie wickeln und 1 Std. kalt stellen.

Für die Dillcreme Senf und Honig glatt rühren. Saure Sahne, Dill und Salz unterrühren.

Den Salat waschen und gut abtropfen lassen. Olivenöl, Zitronensaft, Salz und Pfeffer verrühren und mit dem Salat vermischen.

Die Folie von der Lachsrolle entfernen. Die Lachsrolle in Scheiben schneiden und mit Salat und Dillcreme anrichten.

LACHSRÖLLCHEN
mit Salat und Meerrettich

ZUBEREITUNGSZEIT: 30 MIN.

Für 4 Personen

Für den Pfannkuchenteig
130 g frischer Blattspinat
4 Eier
90 ml Milch
90 ml Mineralwasser
90 g Mehl (Type 405)
Salz
frisch gemahlener
schwarzer Pfeffer
50 g geriebener Mozzarella
Sonnenblumenöl zum Braten

Für die Füllung
175 g Frischkäse
200 g Räucherlachs

Für den Salat
200 g gemischter Blattsalat
3 EL Olivenöl
1 ½ EL weißer Balsamicoessig
Salz
frisch gemahlener
schwarzer Pfeffer
½ TL Dijonsenf
Saft von ½ Zitrone
1 EL geriebener Meerrettich

Für den Pfannkuchenteig den Blattspinat waschen, kurz in kochendem Salzwasser blanchieren, in ein Sieb abschütten, kalt abschrecken, trocken tupfen und fein hacken. Eier, Milch, Mineralwasser, gesiebtes Mehl, Salz und Pfeffer mit einem Schneebesen zu einem glatten Teig verrühren. Mozzarella und Blattspinat unterrühren. Sonnenblumenöl in einer beschichteten Pfanne erhitzen. Den Teig portionsweise dünn einfließen lassen und beidseitig ausbacken. Die Pfannkuchen herausnehmen und auskühlen lassen.

Für die Füllung den Frischkäse in einer Schüssel glatt rühren. Jeweils 2 EL Frischkäse auf einem Pfannkuchen verteilen, 3 Räucherlachsscheiben darauflegen und den Pfannkuchen zu einer Rolle formen. In Frischhaltefolie wickeln und 1 Std. kalt stellen.

Den Salat waschen und abtropfen lassen. Olivenöl, Balsamicoessig, Salz, Pfeffer, Senf und Zitronensaft gut verrühren und mit dem Salat vermischen. Den Salat auf Teller verteilen. Die Lachsrollen in Scheiben schneiden und mit dem Meerrettich auf dem Salat anrichten.

FRÜHSTÜCKSKUCHEN
mit weihnachtlichen Gewürzen

ZUBEREITUNGSZEIT: 30 MIN.
(ohne Ruhezeit)

Für 1 Kastenform

300 g getrocknete Pflaumen
250 g getrocknete Aprikosen
200 g getrocknete Datteln
200 g Rosinen
200 g Walnusskerne
6 EL Marillenschnaps
6 EL Rum
2 Prisen Zimt
1 Msp. gemahlene Nelken
30 ml lauwarme Milch
20 g Trockenhefe
80 g Puderzucker
100 g Mehl (Type 405)

Außerdem
Kastenform (28 cm x 10 cm)

Die Trockenfrüchte falls notwendig entkernen, waschen und trocken tupfen. Pflaumen, Aprikosen und Datteln klein schneiden und mit den Rosinen und Walnusskernen in einer Schüssel mit Schnaps, Rum, Zimt und Nelken gut vermischen. Abgedeckt 10 Std. ziehen lassen.

Milch mit Hefe und Zucker glatt rühren und mit den eingelegten Früchten gut vermischen. Mehl darübersieben und unterrühren. Den Teig zu einem rechteckigen Laib formen, in Frischhaltefolie wickeln und ca. 2 Std. ruhen lassen.

Den Backofen auf 180 °C Ober- und Unterhitze vorheizen. Die Kastenform mit Backpapier auslegen, das Backpapier sollte genau zugeschnitten sein. Den Teig einfüllen und glatt streichen oder fest andrücken. Ca. 60 Min. backen. In der Form auskühlen lassen. Der Früchtekuchen hält sich einige Wochen im Kühlschrank.

CROSTINI MIT PAPRIKA
und karamellisiertem Ziegenkäse

ZUBEREITUNGSZEIT: 45 MIN.

Für 4 Personen

Für die Paprika
je 1 rote und gelbe
Paprikaschote
3 Schalotten
2 Knoblauchzehen mit Schale
2 EL Olivenöl
Salz
frisch gemahlener
schwarzer Pfeffer
1 EL Weißweinessig

Für den Ziegenkäse
1 Rolle Ziegenkäse
1 EL Zucker
Basilikumblätter
zum Dekorieren

Für die Crostini
1 Baguette oder
Vollkornbaguette
2 EL Olivenöl

Die Paprika halbieren, von Samen und Scheidewänden befreien und die Hälften nochmals der Länge nach halbieren. Die Schalotten schälen und vierteln. Den Knoblauch mit Schale grob zerdrücken, am besten mit der Hand. Olivenöl in einer Pfanne erhitzen. Paprika und Schalotten bei geringer Hitze 3–4 Min. anschwitzen. Den Knoblauch zugeben und einige Minuten mitrösten. Mit Salz und Pfeffer würzen. Weißweinessig unterrühren. Auskühlen lassen.

Den Ziegenkäse in feine Scheiben schneiden. Den Zucker auf einem Teller verteilen und jede Ziegenkäsescheibe auf einer Seite kurz in den Zucker tauchen. Eine Pfanne ohne Fett erhitzen, die Ziegenkäsescheiben mit der gezuckerten Seite nach unten in die Pfanne legen und braun braten.

Für die Crostini das Baguette in schräge Scheiben schneiden. Die Scheiben in einer Pfanne mit Olivenöl beidseitig goldgelb rösten. Die Crostini mit Paprika und Schalotten belegen, die Ziegenkäsescheiben darauf verteilen und zum Schluss Basilikumblätter darüberstreuen.
Sofort servieren.

SHORTBREAD

Für 12 Stück

250 g Butter plus etwas für die Form,
125 g Puderzucker plus etwas zum Bestäuben,
250 g Mehl, 125 g Maismehl

Den Ofen auf 150 °C Ober- und Unterhitze vorheizen.
Die Butter mit dem Zucker schaumig rühren, bis die Masse
hellgelb ist. Mehl und Maismehl unterheben und alles
gründlich vermengen, bis ein glatter Teig entstanden ist.
Eine eckige Backform von ca. 15 cm x 15 cm gründlich
fetten und den Teig ca. 2 cm hoch hineinstreichen.
Den Teig mit einer Gabel mehrmals einstechen und im
vorgeheizten Ofen ca. 50 Min. goldgelb backen. Etwas
abkühlen lassen, mit Puderzucker bestäuben und in 12
kleine Rechtecke schneiden.

Weihnachtsbäckerei

ZIMTSTERNE

Ergibt 2 Bleche

5 Eiweiß, 450 g Puderzucker,
500 g gemahlene Mandeln, 2 TL Zimt,
Zucker für die Arbeitsfläche

Die Eiweiße in einer Schüssel steif schlagen. Den Puder-
zucker darübersieben und vorsichtig unterheben. Eine
Tasse der Eiweißmischung abnehmen und beiseitestellen.
Die übrige Mischung rasch mit Mandeln, Zimt und 1 EL
Wasser verkneten. Den Teig zu einer Kugel formen, in
Frischhaltefolie wickeln und 1 Std. kalt stellen. Zwei
Backbleche mit Backpapier auslegen. Die Arbeitsfläche
mit Zucker bestreuen und den Teig darauf 1 cm dick
ausrollen. Sterne ausstechen, auf die Bleche legen und mit
der beiseitegestellten Eiweißmischung bestreichen. Über
Nacht trocknen lassen. Am nächsten Tag den Ofen auf
160 °C Ober- und Unterhitze vorheizen. Die Bleche nacheinander für 7–8 Min. in den Ofen geben.

Deftige Speisen

FÜR KALTE TAGE

Weihnachtliche Überraschung

Draußen war immer noch kein Schnee in Sicht. Wir Kinder waren deshalb
betrübt, aber nutzten die Zeit, um unsere Wunschzettel zu schreiben
und Plätzchen zu naschen. Vorfreude und Ungeduld mischten sich,
Spannung lag in der Luft. Meine Mutter dachte sich zwischendurch
kleine Überraschungen aus, um die Vorfreude von meiner Schwester
und mir anzuheizen. So nahm sie einmal die kleinen Schuhe unserer
Puppen, setzte sie auf die Fensterbank und streute Glitzer darum.
Dann rief sie uns herbei und wir bestaunten aufgeregt die winzigen
Fußabdrücke. Wir rätselten, ob das Christkind wohl durch das Fenster
hereingekommen war und beim Verlassen des Hauses ein wenig Glitzer
von seinem Kleid verloren hatte. Da wir entdeckten, dass auch unsere
Wunschzettel verschwunden waren, stand fest: Das Christkind hatte sich
klammheimlich ins Haus geschlichen, um diese mitzunehmen.
Die nächsten Tage schauten wir immer wieder gespannt aus dem Fenster,
wenn es draußen langsam dunkel wurde. Aber das Christkind ließ sich
nicht noch einmal blicken.

So vertrieben wir uns die Zeit mit unseren kleinen Freundinnen: Wie viele Kinder in unserem Alter bedachten auch wir unsere Puppen mit viel Fürsorge. Wir frisierten sie und zogen ihnen hübsche Kleider an. Natürlich mussten unsere geliebten Spielgefährtinnen auch Weihnachten dabei sein. So wollten wir sie auch in diesem Jahr besonders herausputzen, um mit ihnen auf die Bescherung zu warten. Daher war die Aufregung groß, als wir sie am Weihnachtsmorgen nicht finden konnten. Wir durchsuchten das ganze Haus, schauten in den Kinderwagen. Beinahe glaubten wir, die Puppen hätten sich über Nacht eigenständig aus dem Staub gemacht. Aber an Weihnachten? Das konnte doch nicht sein! Besorgt fragten wir unsere Mutter, die aber auch keinen Rat wusste. Der Weihnachtstag brach an. Aber unsere Puppen blieben verschwunden. Zwar kitzelte in uns kurz weihnachtliche Vorfreude, als wir den Schein der Kerzen durchs Schlüsselloch des verschlossenen Wohnzimmers sahen. Doch wurde diese durch den Verlust der Puppen gedämpft, sodass wir die restlichen Stunden mit ungeduldigem Warten verbrachten. Kurz vor der Bescherung ging meine Mutter dann noch einmal ins Wohnzimmer. Beim erneuten Blick durchs Schlüsselloch sahen wir nun, dass sich unter dem Baum irgendetwas bewegte.

Dann endlich war es so weit! Das Glöckchen wurde geläutet und wir durften ins Wohnzimmer, um unsere Geschenke zu bestaunen und auszupacken. Kaum öffneten wir die Tür, entdeckten wir unsere Puppen: In wunderschönen Kleidern, die meine Mutter extra bei einer Schneiderin hatte nähen lassen, saßen sie gemeinsam auf einer hölzernen Schaukel, die mein Opa gebaut hatte. So freuten wir uns gleich dreifach: über die hübschen neuen Kleider, die wunderbare Schaukel und dass wir Weihnachten doch gemeinsam mit unseren Puppen feiern konnten.

Mia Kleine

ENTENBRATEN
mit Süßkartoffelstampf und Wirsing

ZUBEREITUNGSZEIT: 2 STD.

Für 4 Personen

Für den Entenbraten
1 kleine Zwiebel
1 säuerlicher Apfel
1 EL Butter
2 EL frisch gehackte Petersilie
2 Brötchen vom Vortag
2 Eier (Größe M)
100 ml Milch
Salz, Pfeffer
1 Ente (ca. 2,5 kg; küchenfertig)
1 TL Majoran
3 Zweige Thymian
50 ml Weißwein
200 ml Geflügelfond

Für die Bratenfüllung die Zwiebel schälen und fein hacken. Den Apfel schälen, vom Kerngehäuse befreien und klein würfeln. Die Butter in einer Pfanne erhitzen. Zwiebel- und Apfelstücke darin hell anschwitzen. Die Petersilie unterrühren. Vom Herd nehmen und auskühlen lassen. Die Brötchen würfeln und in einer Schüssel mit der Apfel-Zwiebel-Mischung verrühren. Eier und Milch unterrühren und mit Salz und Pfeffer würzen.

Die Ente abspülen und trocken tupfen. Innen und außen mit Salz und Pfeffer würzen, außen mit Majoran einreiben. Mit der vorbereiteten Masse füllen und die Öffnung mit Küchengarn schließen.

Den Backofen auf 200 °C Ober- und Unterhitze vorheizen. In eine passende Bratenpfanne 500 ml Wasser gießen, die Ente mit der Brust nach unten hineinlegen. Den Thymian abbrausen, trocken tupfen und zugeben. 15 Min. im Ofen garen, dann die Temperatur auf 170 °C reduzieren und die Ente 90–100 Min. knusprig braten, dabei einmal wenden und mehrmals mit Bratensaft übergießen. Bei Bedarf etwas Geflügelbrühe angießen.

★ *Fortsetzung auf der nächsten Seite*

Fortsetzung des Rezepts
von Seite 53

Für den Süßkartoffelstampf
500 g Süßkartoffeln
Salz
1 rote Zwiebel
1 Stück Ingwer (1 cm)
1 Zweig Thymian
2 EL Butter
Pfeffer
100 ml Gemüsebrühe
2 EL saure Sahne

Für den Wirsing
½ Wirsing
2 Schalotten
2 Knoblauchzehen
2 EL Butter

In der Zwischenzeit für den Süßkartoffelstampf die Süßkartoffeln schälen, in 1 cm große Stücke schneiden und in Salzwasser weich kochen. Zwiebel und Ingwer schälen und fein würfeln. Den Thymian abbrausen, trocken tupfen und die Blätter abzupfen. Die Butter in einer Pfanne erhitzen, Zwiebel und Ingwer darin anschwitzen, die weich gekochten Süßkartoffeln sowie die Thymianblätter zugeben. Mit Salz und Pfeffer würzen. Gemüsebrühe und saure Sahne zugeben und einige Minuten köcheln lassen. Mit dem Kartoffelstampfer zerstampfen.

Die Wirsingblätter abtrennen, in Salzwasser blanchieren, herausnehmen, abtropfen lassen. Die Blätter in feine Streifen schneiden oder nach Wunsch ganz lassen. Schalotten und Knoblauch schälen und fein würfeln. Die Butter in einer Pfanne erhitzen, Schalotten und den Knoblauch darin anschwitzen, den Wirsing zugeben und mit Salz und Pfeffer würzen.

Die fertige Ente herausheben und einige Minuten ruhen lassen. Den Bratensatz lösen, entfetten, in einen Topf füllen, mit Weißwein ablöschen und diesen zur Gänze einkochen lassen. Geflügelfond angießen und die Soße nochmals einkochen lassen. Die Ente tranchieren und mit der Füllung auf vorgewärmten Tellern mit Süßkartoffelstampf und dem Wirsinggemüse anrichten. Die Soße dazu reichen.

Zwei Ringe

Warme 28 Grad, Sonnenschein und ein Eis in der Hand – kaum zu glauben, aber meine Weihnachtsgeschichte beginnt genau hier: in den Sommerferien. Statt an Weihnachten zu denken, vertrieben sich meine Schwester und ich, wir waren etwa zehn und zwölf Jahre, die Zeit damit, über Wiesen zu rennen und in der Stadt zu bummeln. Wir verbrachten nämlich die Ferien mit unseren Eltern in einem kleinen Ort in Österreich. Alles dort war ganz anders, als wir es von zu Hause kannten: Die Berge schienen endlos hoch, die Luft roch nach frisch gemähtem Heu, aus der Ferne hörten wir die Glocken der Kühe und auch der Dialekt war uns fremd. So war jeder Ferientag für uns ein kleines Abenteuer. Mal wanderten wir gemeinsam die Berge hinauf, fuhren mit einer Gondel wieder hinunter, machten Picknick und bewunderten das großartige Bergpanorama. Besonders faszinierte uns Kinder die verwinkelte Stadt, in der kein einziges Haus dem anderen glich und es an jeder Ecke etwas Neues zu entdecken gab. Bei einem unserer gemeinsamen Ausflüge landeten meine Schwester und ich in einer schmalen Straße mit holprigen Steinen. Die Häuser schmiegten sich eng aneinander und in den Schaufenstern konnten wir die verschiedensten Dinge erspähen. Aufgeregt rief meine Schwester mich zu sich. Beide drückten wir unsere Stirn an die Fensterscheibe eines kleinen Geschäfts, um die Auslage zu bestaunen: Fein gearbeitete Ringe aus Porzellan lagen dort auf bunten Samtkissen, ein Ring schöner als der andere. Es gab sie in Weiß, Dunkelblau oder in Hellblau mit Blumenranken darauf. Jeden Tag des restlichen Urlaubs drückten wir uns an der Schaufensterscheibe des Geschäfts die Nasen platt und erzählten uns gegenseitig, wie schön wir diese Ringe fanden.

Eines Nachmittags kam mir ein genialer Gedanke: Ich wollte von meinem Taschengeld einen Ring für meine Schwester kaufen. Ich würde ihn mit nach Hause nehmen und ihn ihr zu Weihnachten schenken. Das perfekte Geschenk! Zwar hätte ich mir gerne auch einen Ring gekauft, aber einen zweiten konnte ich mir nicht leisten. Lange stand ich vor der Auslage des kleinen Ladens und überlegte, welchen Ring ich meiner Schwester kaufen sollte. Schließlich entschied mich dann für einen dunkelblauen

mit weißen und hellblauen Blümchen. Sehr heimlich zeigte ich den Ring später meinen Eltern, voller Stolz auf meine einzigartig gute Idee. Sie bewunderten den Ring lächelnd.

Ein paar Monate später war der Sommer dann schon fast vergessen. Es wurde kälter, die Blätter färbten sich bunt, der Herbst begann. Den Ring verwahrte ich sicher in einer kleinen Kiste, die ich in einer meiner Schubladen versteckte. Die Tage wurden kürzer, die ersten Lichterketten zierten die Bäume, der Adventskranz schmückte den Tisch. Und weil Vorfreude bekanntlich die schönste Freude ist, liebte ich den Dezember besonders – ich freute mich heimlich ja schon seit Monaten auf das Gesicht meiner Schwester, wenn sie ihr Geschenk auspacken würde. Dann kam der Heilige Abend. Vor der Bescherung gab es unser traditionelles Weihnachtsessen: Hirschgulasch mit Knödeln und Rotkohl. Und als Dessert Lebkuchencreme mit Mangosoße – mhmm. Mit vollem Bauch und sehr zufrieden setzten wir uns vor den Weihnachtsbaum. Ich war schon ganz hibbelig, doch meine Schwester bestand darauf, mir zuerst ihr Geschenk zu geben. Es war ziemlich klein. Und als ich es aufmachte, ahnte ich es schon: In der kleinen mit Watte ausgepolsterten Schachtel lag ein wunderschöner weißer Porzellanring mit dunkelblauen und hellblauen Blümchen darauf. Ich musste sehr lachen und konnte erst gar nichts sagen. Meine Schwester schaute ganz unglücklich und fragte: „Gefällt er dir nicht? Den habe ich in den Sommerferien gekauft. Die Ringe fanden wir doch so schön!" Ich beruhigte mich und sagte: „Doch, vielen Dank! Der Ring ist super – und natürlich erinnere ich mich an das Geschäft! Und jetzt pack du dein Geschenk aus!" Als meine Schwester ihren Ring in den Händen hielt, musste auch sie lachen – und meine Eltern stimmten mit ein. Denn die wussten ja schon seit den Sommerferien, dass wir heimlich die gleichen Ringe gekauft hatten – und hatten sich noch viel mehr auf die diesjährige Bescherung gefreut als meine Schwester und ich. Unsere Weihnachtsringe trugen wir fortan bei jeder Gelegenheit.

Britta Kudla

LACHSFORELLE IM KRÄUTERSUD
mit lauwarmem Fenchelsalat und Joghurtsoße

ZUBEREITUNGSZEIT: 40 MIN.

Für 4 Personen

Für den Fenchelsalat
1 große Fenchelknolle (250 g)
2 EL Olivenöl
Saft und Abrieb von
1 Bio-Zitrone
Salz
frisch gemahlener
schwarzer Pfeffer
1 TL Zucker

Für die Joghurtsoße
200 g griechischer Joghurt
Saft von 1 Limette
Salz

Für die Lachsforellenfilets
2 Knoblauchzehen
1 Frühlingszwiebel
3 Scheiben Räucherspeck
3 Scheiben frischer Ingwer
2 EL Sojasoße
400 ml Gemüsebrühe
1 EL Reisessig
Salz
frisch gemahlener
schwarzer Pfeffer
4 Lachsforellenfilets
(à ca. 120 g)

Außerdem
40 g geröstete Erdnüsse
1 Bio-Zitrone

Für den Salat den Fenchel halbieren, von Strunk und Fenchelgrün befreien und in feine Scheiben schneiden; das Fenchelgrün beiseitelegen. Olivenöl und die Hälfte des Zitronensafts mit Salz, Pfeffer, Zitronenabrieb und Zucker verrühren. Über die Fenchelscheiben geben und alles gut vermengen.

Für die Joghurtsoße Joghurt, Limettensaft und Salz verrühren und lauwarm erhitzen.

Für die Lachsforellenfilets den Knoblauch mit der Hand zerdrücken, die Frühlingszwiebel in feine Ringe schneiden und mit den restlichen Zutaten außer den Lachsforellenfilets in einer Pfanne vermischen, aufkochen und danach die Hitze reduzieren. In der Zwischenzeit die Lachsforellenfilets abspülen, trocken tupfen und leicht salzen. Die Filets in den Sud legen, die Flüssigkeit darf nicht mehr kochen, und bei 75 °C 10 Min. pochieren.

Etwas Fenchelgrün fein hacken. Die Erdnüsse hacken und dünne Zesten von der Zitrone schneiden. Die Forellenfilets mit Fenchelsalat und Joghurtsoße auf Tellern anrichten. Fenchelgrün über Joghurtsoße und Fenchelsalat streuen. Mit Zitronenzesten und gehackten Erdnüssen servieren und nach Belieben mit dem restlichen Zitronensaft beträufeln.

GEFÜLLTES SCHWEINEFILET MIT LEBKUCHENSOSSE,
gebratenem Broccoli und Mango-Couscous

ZUBEREITUNGSZEIT:
1 STD. 30 MIN.

Für 4 Personen

Für das Schweinefilet
80 g frischer Blattspinat
1 Schalotte
1 EL Butter
Salz
frisch geriebene Muskatnuss
1 Schweinefilet (ca. 400 g)
frisch gemahlener
schwarzer Pfeffer
100 g Serranoschinken
Olivenöl zum Braten
2 Zweige Rosmarin

Für den Mango-Couscous
160 g Couscous
1 Prise Salz
1 sehr reife Mango
1 rote Zwiebel
1 Knoblauchzehe
2 EL Butter
frisch gemahlener
schwarzer Pfeffer

Für das gefüllte Schweinefilet den Blattspinat putzen. Die Schalotte schälen, in feine Ringe schneiden und in einer Pfanne in heißer Butter anschwitzen. Den Blattspinat zugeben. Mit Salz und Muskatnuss würzen. Auskühlen lassen. Das Schweinefilet abspülen, trocken tupfen und mit einem Schmetterlingsschnitt aufschneiden. Mit Blattspinat füllen, einrollen, mit Salz und Pfeffer würzen. Die Rolle mit Serranoschinken umwickeln; den Schinken fest andrücken. Den Backofen auf 160 °C Ober- und Unterhitze vorheizen. Das Filet in einer ofenfesten Pfanne mit Olivenöl und Rosmarin von allen Seiten anbraten. Danach 10-14 Min. im Backofen garen (je nach Größe des Filets).

Den Couscous in eine Schüssel geben. 220 ml Wasser und Salz aufkochen und über den Couscous gießen. 20 Min. abgedeckt ziehen lassen. Die Mango schälen. Das Fruchtfleisch vom Kern abschneiden und in Streifen schneiden. Zwiebel und Knoblauch schälen, in feine Scheiben schneiden und in einem Topf in heißer Butter leicht anschwitzen. Den Couscous zugeben. Mit Salz und Pfeffer würzen. Die Mango unterheben.

★ *Fortsetzung auf der nächsten Seite*

Fortsetzung des Rezepts
von Seite 60

Für den Broccoli
1 TL Honig
3 EL Olivenöl
1 TL gemahlene Fenchelsamen
Abrieb von 1 Bio-Zitrone
1 Broccoli (ca. 250 g)

Für die Lebkuchensoße
50 ml Weißwein
50 ml Sahne
100 ml Gemüsebrühe
½ TL Lebkuchengewürz
1 EL Crème fraîche

Für den Broccoli Honig, Olivenöl, Fenchelsamen und Zitronenabrieb verrühren, mit Salz und frisch gemahlenem schwarzem Pfeffer würzen. Den Broccoli putzen und in 1 cm dicke Scheiben schneiden. Mit der Marinade bestreichen und 10 Min. ziehen lassen. Eine Pfanne erhitzen, den Broccoli darin anbraten und ggf. im Backofen bei 170 °C Ober- und Unterhitze fertig garen.

Das Schweinefilet aus der Pfanne nehmen und warm halten. Den Bratensatz mit Weißwein ablöschen, Sahne und Gemüsebrühe angießen und leicht einkochen lassen. Lebkuchengewürz und Crème fraîche einrühren. Das Schweinefilet aufschneiden und mit Soße, Couscous und Broccoli anrichten.

NUSSECKEN

Ergibt 1 Blech

250 g zimmerwarme Butter, 100 g Zuckerrübensirup,
100 g brauner Zucker, 1 Pck. Vanillezucker,
2 Eier, 400 g Haferflocken, 3 TL Backpulver,
100 g gemahlene Haselnusskerne,
100 g gehackte Haselnusskerne, 250 g Kuvertüre

Ofen auf 160 °C Ober- und Unterhitze vorheizen und ein
Blech mit Backpapier auslegen. Butter in einer Schüssel
schaumig schlagen. Nach 5 Min. Zuckerrübensirup,
braunen Zucker und Vanillezucker zugeben und ca. 3 Min.
weiterschlagen. Dann die Eier unterrühren. In einer
anderen Schüssel Haferflocken und Backpulver mischen
und esslöffelweise unter die Butter-Zucker-Masse
heben. Dann die gemahlenen und gehackten Haselnüsse
untermengen. Den Nussteig gleichmäßig 1 cm dick aufs
Blech streichen. Im Ofen 30 Min. goldbraun backen.
Anschließend auskühlen lassen. Die Kuvertüre schmelzen.
Die Nussplatte in kleine Dreiecke schneiden und je
zwei Enden von einem Dreieck in die flüssige Kuvertüre
tauchen. Auf einem Gitterrost trocknen lassen.

BUTTERPLÄTZCHEN

Ergibt 2 Bleche

150 g zimmerwarme Butter, 50 g Puderzucker,
1 TL Vanillezucker, 1 Prise Salz, 50 g saure Sahne,
275 g Mehl plus etwas für die Arbeitsfläche

In einer Schüssel Butter, Puderzucker, Vanillezucker und
Salz verrühren. Nach und nach die saure Sahne und das
Mehl zugeben und alles zu einem glatten Teig verkneten.
Den Teig zu einer Kugel formen und in Frischhaltefolie
wickeln. Für 1 Std. kalt stellen. Den Ofen auf 190 °C
vorheizen und zwei Bleche mit Backpapier auslegen. Den
Teig auf der mit Mehl bestäubten Arbeitsfläche 3 mm dünn
ausrollen. Daraus beliebige Formen (Weihnachtsbaum,
Schneemann etc.) ausstechen und die Plätzchen auf die
Bleche verteilen. Diese nacheinander für 8–10 Min. in
den Ofen geben. Anschließend die Plätzchen mit einem
Pfannenwender auf einen Gitterrost heben und auskühlen
lassen.

HÜHNERLEBERPARFAIT
mit getrockneten Feigen und Pistazien

ZUBEREITUNGSZEIT: 90 MIN.
Für 6 Personen

Für das Hühnerleberparfait
250 g Hühnerleber
3 Blatt Gelatine
250 g Butter
3 cl Madeira
Abrieb von 1 Bio-Orange
½ TL Majoran
2 Eier
Salz
frisch gemahlener
schwarzer Pfeffer

Außerdem
100 g getrocknete Feigen
1 Grapefruit
20 g Rucola
6 Scheiben Pumpernickel
30 g gemahlene Pistazien
halbrunde Terrinenform
(700 ml Inhalt)

Für das Parfait die Hühnerleber abspülen, trocken tupfen, von den Sehnen befreien und klein schneiden. Die Gelatine in reichlich warmem Wasser einweichen. Die Butter in einem Topf einige Minuten köcheln lassen und klären. Die Hühnerleber mit Madeira, Orangenabrieb, Majoran und geklärter Butter im Küchenmixer fein pürieren. Durch ein feines Sieb streichen. Die Eier unterrühren und die Masse mit Salz und Pfeffer würzen. Die Gelatine gut ausdrücken und in die warme Masse rühren.

Den Backofen auf 100 °C Ober- und Unterhitze vorheizen. Die halbrunde Terrinenform mit Frischhaltefolie auslegen und die Masse einfüllen. Die Form in ein Wasserbad stellen und das Parfait auf mittlerer Schiene ca. 40 Min. pochieren. Abdecken und 10 Std. kalt stellen.

Das Hühnerleberparfait stürzen, die Folie entfernen. Die Feigen in Scheiben schneiden. Die Grapefruit schälen und filetieren. Den Rucola putzen und mit dem Pumpernickel auf Tellern verteilen. Mit Pistazien bestreuen. Das Parfait in Scheiben schneiden und mit den Grapefruitfilets und Feigen auf den Tellern anrichten.

CHICORÉE
mit gedünsteten Birnen und Mandeln

ZUBEREITUNGSZEIT: 20 MIN.

Für 4 Personen

8 kleine Chicorée
2 Birnen
2 Orangen
3 EL Butter
2 EL Zucker
Saft von 1 Zitrone
100 ml Gemüsebrühe
100 ml Orangensaft
30 g ungeschälte ganze
Mandeln
1 EL Olivenöl
1 Schale Erbsenkresse

Den Chicorée putzen und der Länge nach halbieren. Die Birnen in Scheiben schneiden. Die Orangen schälen und in Scheiben schneiden.

Butter in einer großen Pfanne erhitzen. Den Zucker einrühren. Die Birnenscheiben und die Chicoréehälften zunächst mit der Schnittfläche nach unten in die Pfanne geben und von beiden Seiten dünsten. Den Zitronensaft angießen. Die Orangenscheiben zugeben und kurz mitdünsten. Gemüsebrühe und Orangensaft angießen und leicht köcheln lassen.

Die Mandeln hacken und in einer Pfanne mit Olivenöl bei geringer Hitze einige Minuten rösten. Chicorée und Birnen auf Tellern anrichten und mit Mandeln und Erbsenkresse garnieren.

GEBRATENER ROSENKOHL
mit Macadamianüssen und Karottentalern

ZUBEREITUNGSZEIT: 30 MIN.
(ohne Ruhe- und Backzeit)

Für 4 Personen

Gebratener Rosenkohl

500 g Rosenkohl
2 EL Macadamianüsse
1 EL Olivenöl
1 TL Curry
Saft von 1 Zitrone
1 TL Zucker
1 gute Prise Salz
frisch gemahlener
schwarzer Pfeffer
½ Bund frisch gehackter
Schnittlauch

Karottentaler

1 rote Zwiebel
300 g Möhren
30 g Pecorino
1 Zweig Thymian
2 EL Sonnenblumenöl
80 g Mehl (Type 1050)
1 gute Prise Salz
frisch gemahlener
schwarzer Pfeffer

Den Rosenkohl waschen, den unteren Teil abschneiden und die Röschen der Länge nach halbieren. Die Macadamianüsse grob hacken. Olivenöl in einer Pfanne erhitzen, die halbierten Röschen darin langsam bei niedriger Temperatur mit aufgelegtem Deckel rösten, dabei immer schwenken. Alternativ den Rosenkohl vor dem Rösten kurz blanchieren, dann wird er schneller weich.

Wenn die Röschen weich sind, die Macadamianüsse in die Pfanne geben und kurz mitrösten. Curry, Zitronensaft und Zucker zugeben und mit dem Rosenkohl schwenken. Mit Salz und Pfeffer würzen.

Für die Karottentaler die Zwiebel schälen und fein hacken. Die Möhren schälen und grob raspeln. Den Pecorino fein reiben. Den Thymian abbrausen, trocken tupfen, die Blätter abstreifen und fein hacken. 1 EL Öl in einer Pfanne bei mittlerer Temperatur erhitzen und die Zwiebel darin weich dünsten. Zwiebel, Möhrenraspel, Pecorino, Thymian und Mehl in einer großen Schüssel vermengen und mit Salz und Pfeffer würzen. Aus der Masse 12 gleich große Taler formen.

1 EL Sonnenblumenöl in einer beschichteten Pfanne erhitzen und die Taler darin beidseitig goldbraun braten. Herausnehmen und auf Küchenpapier abtropfen lassen. Den Rosenkohl mit den Karottentalern auf Tellern anrichten und mit Schnittlauch bestreut servieren.

Keine stille Nacht

Es waren die letzten warmen Oktobertage. Ich saß mit meiner Freundin
Jana auf der Bank eines schön gelegenen Spielplatzes, auf dem unsere
Kinder im goldenen Herbstlicht Sandburgen bauten. Alles fühlte sich
sehr entspannt an. „Weihnachten fahren wir nach Griechenland",
berichtete sie begeistert. „Wie schön!", freute ich mich für sie. Die On-
off-Beziehung mit ihrem griechischen Freund festigte sich offenbar.
„Wir haben nichts Besonderes vor, werden aber den Familientrubel
diesmal überspringen und erst im neuen Jahr mit allen Verwandten
zusammensitzen", erzählte ich und fand die Vorstellung klasse. Dank
einer Dienstreise meines Schwagers würden die Feiertage dieses Jahr
etwas ruhiger werden und das lästige Herumfahren fiel ebenfalls aus.
Gemeinsam blinzelten Jana und ich zufrieden in die Sonne.
Am selben Abend klingelte das Telefon, und zwar ziemlich spät. Dem
Schreck folgte eine zweischneidige Erleichterung: Stefan, ein guter
Freund, hatte sich endgültig von seiner Lebensgefährtin getrennt und war
am Boden zerstört. Ich versuchte, ihm gut zuzureden, aber es war wohl
noch zu früh. Er schien untröstlich. Für den nächsten Tag lud ich ihn zum
Essen ein, damit er jemanden zum Reden hatte. Doch als ich Stefan tags
darauf die Tür öffnete, erinnerten nur noch kleine Augenringe an sein
Gefühlschaos aus der Nacht zuvor. „Ich fahre über die Feiertage bis Mitte
Januar nach Jamaika", verkündete er. „Da habe ich mit Weihnachten
nichts zu tun und kann mich perfekt ablenken. Ich habe mein letztes Geld
abgehoben und den Flug schon gebucht." Wunderbar, dachte ich und
nickte bestätigend. Den restlichen Abend unterhielten wir uns über seine
Reisepläne, was er wie und wann auf Jamaika sehen wollte.
Weihnachten rückte näher. Die Kinder freuten sich und schmückten ihre
Zimmer mit Lichterketten und Selbstgebasteltem. Ich schrieb Karten,
überlegte, was es zu essen geben sollte, und packte Geschenke ein. Drei
Tage vor dem Fest reiste Stefan wie geplant in die Karibik, alles schien
bestens. Da meldete sich Jana per Telefon bei mir, sie weinte. „Dimitrios
hat eine andere! Ich will ihn nie wiedersehen! Was soll ich denn jetzt
machen, ich war praktisch auf dem Weg zum Flughafen! Und was erzähle
ich meinem Kind, ich habe doch gar kein Fest vorbereitet!", schluchzte
sie. Sie tat mir furchtbar leid. „Kein Problem, ihr feiert einfach mit uns.

Wir sind ja da und haben genug Platz." „Im Ernst?" „Ach was, kommt einfach her. Wir machen es uns gemütlich."

Am Vormittag des Heiligen Abends trudelten also Jana und ihr Sohn bei uns ein. Etwa vier Stunden später — ich hatte gerade den Sekt kalt gestellt und mit dem Schmücken des Baumes begonnen — stand Stefan vor unserer Tür. „Stefan? Aber … Jamaika?", stammelte ich. Er schob mich zu Seite, stapfte in die Küche, holte meinen edlen Winzersekt wieder aus dem Kühlschrank und goss sich ein Wasserglas voll ein. „Alles schiefgegangen. Ich wurde ausgeraubt", schnaubte er. „Das Geld ist komplett weg. Nur das Ticket hatte ich noch, das lag im Hotel. Ein netter Mensch hat mich ohne Aufpreis umgebucht auf den nächsten Flug zurück." Er klang verzweifelt. „Jetzt muss ich über die Feiertage zu meiner Mutter. Ich habe nicht mal 'ne Scheibe Brot zu Hause."

Stefan blieb dann ebenfalls über Weihnachten bei uns. Es war nicht unser entspanntestes Fest: Das Essen war ein bisschen knapp und die gemütliche Zweisamkeit nach dem Zubettgehen der Kinder fiel komplett aus. Statt einen ruhigen Weihnachtsabend zu genießen, trösteten wir unsere Freunde. Aber wofür ist Weihnachten sonst da, wenn nicht für offene Arme?

Florentine Graf

PENNE MIT RINDERFILETSTREIFEN,
Frühlingszwiebeln, Paprika und Knoblauchcrumble

ZUBEREITUNGSZEIT: 40 MIN.

Für 4 Personen

400 g Rinderfilet
2 Frühlingszwiebeln
150 g gemischte Minipaprika
2 Feigen
1 trockenes Brötchen
(ca. 4 Tage alt)
3 Knoblauchzehen
2 EL Butter
300 g Penne
4 EL Olivenöl
Saft und Abrieb von
1 Bio-Zitrone
1 EL grob gehackte Petersilie
frisch gemahlener
schwarzer Pfeffer
Salz

Das Rinderfilet abspülen und trocken tupfen. Die Frühlingszwiebeln in mundgerechte Stücke schneiden. Die Paprika von Stielansatz, Samen und Scheidewänden befreien und vierteln. Die Feigen halbieren und in Scheiben schneiden.

Für den Crumble das Brötchen zu groben Semmelbröseln reiben. Den Knoblauch schälen und in feine Scheiben schneiden. Butter in einer Pfanne schmelzen und den Knoblauch darin langsam anschwitzen. Die Semmelbrösel zugeben und mitrösten.

Die Penne nach Packungsanleitung in Salzwasser bissfest kochen. Abseihen, dabei ca. 125 ml Nudelwasser auffangen und beiseitestellen. 2 EL Olivenöl in einer Pfanne erhitzen und Frühlingszwiebeln, Paprika und Feigen darin anschwitzen. Zitronensaft und -abrieb sowie die Penne zugeben. Nach und nach das Nudelwasser angießen. Mit Salz und Pfeffer würzen.

Das Rinderfilet mit Salz und Pfeffer würzen und in einer Pfanne mit 2 EL Olivenöl beidseitig langsam anbraten. Kurz ruhen lassen, in Scheiben schneiden und mit den Penne auf Tellern anrichten. Knoblauchcrumble darübergeben und mit grob gehackter Petersilie, Salz und Pfeffer bestreuen.

GEBRATENER KARPFEN
mit Polenta, Wasabisoße und grünem Apfel

ZUBEREITUNGSZEIT: 50 MIN.
(ohne Ruhe- und Backzeit)

Für 4 Personen

Für die Wasabisoße
1 Zwiebel
2 Knoblauchzehen
1 EL Butter
250 ml Weißwein
70 ml Noilly Prat
200 ml Gemüsebrühe oder
Fischfond
80 ml Sahne
2 EL Currypulver
1–2 EL Wasabi (Tube)
Salz
½ TL Zucker

Für die gebratene Polenta
250 ml Milch
90 g Butter
2 Prisen frisch geriebene
Muskatnuss
Salz
frisch gemahlener
schwarzer Pfeffer
100 g Maisgrieß
2 EL Sonnenblumenöl

Für die Karpfen
8 Karpfenfilets (à ca. 80 g)
1 TL Koriandersamen
Salz, Pfeffer
4 kleine Zweige Rosmarin
2 EL Sonnenblumenöl

Außerdem
runder Ausstecher (ø 10 cm)
1 grüner Apfel
(z.B. Granny Smith)
Saft von 1 Zitrone

Für die Wasabisoße Zwiebel und Knoblauch schälen und fein würfeln. Butter in einer Pfanne erhitzen und beides darin anschwitzen. Mit Weißwein und Noilly Prat ablöschen und 2 Min. einkochen lassen. Gemüsebrühe und Sahne angießen und Curry, Wasabi, Salz sowie Zucker zugeben. Ca. 3 Min. einkochen lassen. Mit dem Stabmixer fein pürieren.

Für die Polenta Milch, Butter und Muskatnuss aufkochen, mit Salz und Pfeffer würzen. Maisgrieß einrühren. Bei geringer Hitze ca. 10 Min. einkochen lassen. Die Masse auf Backpapier geben und ca. 2 cm hoch und möglichst rechteckig glatt streichen. Auskühlen lassen. Runde Plätzchen aus der Polenta ausstechen. Sonnenblumenöl in einer beschichteten Pfanne erhitzen und die Plätzchen darin beidseitig jeweils 2–3 Min. braten. Warm halten.

Die Karpfenfilets abspülen, trocken tupfen und mit Salz, Pfeffer sowie gestoßenen Koriandersamen würzen. Den Rosmarin abbrausen und trocken tupfen. Öl in einer Pfanne erhitzen, Rosmarin zugeben und die Karpfen darin beidseitig braten.

Den Apfel in feine Scheiben schneiden, die Scheiben mit dem Zitronensaft vermischen und mit den Karpfen, der Polenta und der Wasabisoße anrichten.

GEBRATENE ENTENBRUST
mit marinierten Linsen und Aubergine

ZUBEREITUNGSZEIT: 50 MIN.
(ohne Ruhe- und Backzeit)

Für 4 Personen

Für die marinierten Linsen
1 Bund Petersilie
2 Prisen getrockneter Thymian
2 EL Olivenöl
Saft von 1 Zitrone
1 EL Balsamicoessig
Salz
frisch gemahlener
schwarzer Pfeffer
530 g Linsen (Dose)

Für die Auberginen
2 Auberginen
1 Granatapfel
2 Knoblauchzehen
Abrieb von 1 Bio-Zitrone
2 EL Olivenöl
Salz, Pfeffer

Für die Entenbrust
2 Entenbrustfilets (à ca. 300 g)
Salz
frisch gemahlener
schwarzer Pfeffer

Außerdem
etwas frischer Koriander
zum Garnieren

Für die marinierten Linsen die Petersilie abbrausen, trocken tupfen, grob hacken und mit Thymian, Olivenöl, Zitronensaft, Balsamicoessig, Salz und Pfeffer mischen. Die Linsen in einem Sieb kalt abspülen und unterheben.

Den Backofen auf 190 °C Ober- und Unterhitze vorheizen. Die Auberginen der Länge nach halbieren, mit der Schnittfläche nach oben auf ein Backblech legen, kreuzweise einschneiden und salzen. Den Granatapfel halbieren. Die Kerne herausschaben und beiseitestellen, den Saft auffangen. Den Knoblauch schälen, fein hacken und mit Zitronenabrieb, Granatapfelsaft, Olivenöl, Salz und Pfeffer in einer Schüssel verrühren. Die Auberginenhälften rundherum mit der Paste einreiben und 25–30 Min. backen. Aus dem Ofen nehmen und warm halten.

In der Zwischenzeit die Entenbrustfilets abspülen, trocken tupfen und von Sehnen und Fettadern befreien. Die Hautseite (Fettseite) kreuzweise einschneiden, aber nicht in das Fleisch schneiden. Mit Salz und Pfeffer würzen. Die Entenbrustfilets in eine kalte ofenfeste Pfanne auf die Hautseite legen. Die Pfanne auf mittlere Temperatur erhitzen und die Filets auf der Haut ca. 3 Min. knusprig braten. Im Backofen bei 160 °C Ober- und Unterhitze 8–10 Min. garen. Herausnehmen und 4 Min. ruhen lassen. Die Entenbrust aufschneiden und mit Linsen, Auberginen und Granatapfelkernen anrichten und mit frischem Koriander garnieren.

MÜSLIKEKSE

Ergibt 2 Bleche

100 g zimmerwarme Butter, 100 g brauner Zucker,
½ Pck. Vanillezucker, 100 g Vollkornmehl,
1 TL Backpulver, 1 Prise Salz, 1 Ei,
1 EL Milch, 80 g Haferflocken,
50 g gehackte Walnusskerne, 100 g klein gehacktes
Trockenobst nach Belieben

In einer Schüssel Butter, Zucker und Vanillezucker
schaumig schlagen. In einer anderen Schüssel Mehl mit
Backpulver und Salz mischen. Abwechselnd die Mehlmischung, das Ei und die Milch unter die Buttermasse
rühren. Dann Haferflocken, Nüsse und Trockenobst
unterkneten. Die Schüssel abdecken und für 1 Std. kalt
stellen. Den Ofen auf 180 °C Ober- und Unterhitze
vorheizen und zwei Bleche mit Backpapier auslegen.
Teelöffelgroße Portionen vom Teig abnehmen und mit
genügend Abstand zueinander auf die Bleche setzen. Die
Bleche nacheinander für 12–15 Min. in den Ofen geben.
Die Kekse anschließend auf einem Gitterrost auskühlen
lassen.

SPRITZGEBÄCK

Ergibt 2 Bleche

300 g Mehl, 140 g Puderzucker,
1 Pck. Vanillezucker, 1 Prise Salz,
100 g gemahlene Mandeln, 240 g zimmer-
warme Butter, 1 Eigelb

Mehl, Puderzucker, Vanillezucker, Salz und Mandeln mischen. Die Butter in Stückchen schneiden und zusammen mit dem Eigelb zufügen. Anschließend alles zu einem geschmeidigen Teig verkneten. Abdecken und für 1 Std. kalt stellen. Den Ofen auf 180 °C Ober- und Unterhitze vorheizen und zwei Bleche mit Backpapier auslegen. Den Teig in einen Spritzbeutel mit Sterntülle füllen und mit etwas Abstand zueinander Kringel (ø 8 cm) auf die Bleche spritzen. Die Enden über Kreuz übereinanderlegen. Die Bleche nacheinander für 10 Min. in den Ofen geben. Das Spritzgebäck anschließend auf einem Gitterrost auskühlen lassen.

ROTKOHL-RISOTTO
mit Blauschimmelkäse und Walnüssen

ZUBEREITUNGSZEIT: 45 MIN.
Für 4 Personen

Für den marinierten Rotkohl
½ Rotkohl
2 EL Olivenöl
1 TL Zucker
1 gute Prise Salz
Saft von 1 Zitrone

Für das Risotto
80 g Blauschimmelkäse
3 Schalotten
4 EL Butter
240 g Rundkornreis
250 ml Weißwein
ca. 1 l heiße Gemüsebrühe
2 EL fein geriebener Parmesan

Außerdem
40 g Walnusskerne
1 EL Olivenöl

Den Rotkohl putzen, in feine Streifen schneiden und mit Olivenöl, Zucker und Salz vermengen. Zitronensaft zugeben und alles gut vermischen.

Für das Risotto den Blauschimmelkäse in kleine Stücke schneiden. Die Schalotten schälen und fein hacken. 2 EL Butter in einem Topf zerlassen und die Schalotten darin glasig dünsten. Den Reis zugeben und glasig anschwitzen. Mit Weißwein ablöschen und die Flüssigkeit kurz einkochen lassen. Nach und nach die heiße Gemüsebrühe angießen, dabei immer wieder umrühren, bis das Risotto bissfest ist. Zum Schluss 2 EL Butter und Parmesan unterrühren.

Die Walnusskerne grob hacken und in einer Pfanne mit Olivenöl bei geringer Hitze leicht bräunen. Das Risotto vor dem Servieren mit dem Blauschimmelkäse vermischen. Auf Teller verteilen, mit dem Rotkohl anrichten und mit den Walnüssen bestreuen.

Geschenke und was sie wirklich wert sind

Unser Festessen am Heiligen Abend war traditionell ein einfach zubereitetes Gulasch, denn es sollte schnell gehen. „Mit Pfifferlingen aus der Dose", ergänzt meine Schwester heute noch gerne. Das waren ja damals ganz andere Zeiten, es durfte nicht zu teuer sein. Trotzdem versuchten die Eltern immer, all unsere Wünsche zu erfüllen. Deshalb erzähle ich nun eine kleine Episode aus meiner Erinnerung, die zunächst ganz traurig klingen mag.

Sie kennen es vielleicht: Als Kind weiß man ganz genau, was man sich wünscht. Da geht es nicht um ein Fahrrad oder ein Fernglas. Da möchte man nicht ein Spielzeugauto, sondern das eine Spielzeugauto. So war es auch bei mir. Ich wollte unbedingt einen roten LKW von Schuco, das Fernglas 10 x 50 von Zeiss, ein Fahrrad von Rixe mit einer Torpedo 3-Gang-Schaltung oder eine Märklin-Eisenbahn. Eine Märklin-Bahn – und nicht den Trix-Express! All das stand genauestens auf meinem Wunschzettel. Ich fieberte der Bescherung entgegen, war gespannt, welcher meiner sehnlichen Wünsche sich erfüllen würde, und staunte nicht schlecht: Meine Eltern hatten tatsächlich ein schönes Spielzeugauto gekauft. Sie schenkten mir ein Kinderfernglas, auch ein Fahrrad stand unter dem Weihnachtsbaum und ich bekam eine Eisenbahn - den Trix-Express. „Freust du dich?", fragte mein Vater. Ich zögernd: „Doch, ja klar." Mit der Erfüllung all meiner Wünsche hatte ich nicht gerechnet, aber trotzdem: Ich hatte mir so sehr den LKW von Schuco gewünscht, hatte meinen Eltern das Fernglas von Zeiss beschrieben, ein Foto von dem Fahrrad mit der Torpedo 3-Gang-Schaltung auf den Wunschzettel geklebt und meinem Vater im Schaufenster von Hochherz die Märklin-Bahn gezeigt. Zwar hatte ich alle Spielsachen bekommen. Und doch, damals war ich tieftraurig, aber keiner hat es gemerkt. Viele Jahre später habe ich ein weiteres Geschenk entdeckt: den Versuch meiner Eltern, mir all meine Wünsche zu erfüllen. Und dafür bin ich ihnen dankbar. Bis heute.

Wolfgang Hölker

Fröhliche Weihnachten

REHRAGOUT MIT GEDÜNSTETEN PFLAUMEN
und Kürbiskernknödeln

ZUBEREITUNGSZEIT: 90 MIN.
(ohne Marinierzeit)

Für 4 Personen

Für das Rehragout
500 g Rehschulter
je 2 Zweige Rosmarin und
Thymian
frisch gemahlener
schwarzer Pfeffer
70 ml Rotwein
70 ml Portwein
1 Zwiebel
Salz
2 EL Sonnenblumenöl
2 EL Preiselbeerkompott

Für das Rehragout das Fleisch abspülen, trocken tupfen und in gleich große Stücke schneiden. Die Kräuter abbrausen und trocken tupfen, die Blätter abstreifen.
Das Fleisch in einer Schüssel mit Thymian, Rosmarin und Pfeffer mischen, mit Rot- und Portwein übergießen und mit Frischhaltefolie abgedeckt ca. 10 Std. kalt stellen.

Das Fleisch abseihen, die Marinade auffangen. Die Zwiebel schälen, halbieren und in dünne Scheiben schneiden. Das Fleisch salzen und in Öl anbraten. Die Zwiebel mitrösten. Mit der Marinade ablöschen. Die Flüssigkeit kurz einkochen lassen. 400 ml Wasser angießen und Preiselbeeren unterrühren. Den Deckel auflegen und das Fleisch auf niedriger Hitze ca. 1 Std. 30 Min. weich schmoren.

★ *Fortsetzung auf der nächsten Seite*

Fortsetzung des Rezepts
von Seite 87

Für die gedünsteten Pflaumen
200 g Pflaumen
1 EL Zucker
1 Zimtstange
100 ml Rotwein

Für die Kürbiskernknödel
100 g Kürbiskerne
400 g mehligkochende
Kartoffeln
2 Eigelb
2 EL Butter
Salz, Pfeffer
2 Prisen frisch geriebene
Muskatnuss
ca. 400 ml Sonnenblumenöl
ca. 100 g Mehl (Type 405)
2 Eier, verquirlt

Außerdem
etwas Preiselbeerkompott
zum Garnieren

Für die gedünsteten Pflaumen die Pflaumen halbieren vom Stein befreien, in Scheiben schneiden und in einer Pfanne bei mittlerer Hitze mit Zucker und Zimtstange einige Minuten schwenken. Rotwein angießen und einige Minuten einkochen lassen. Beiseitestellen.

Für die Knödel die Kürbiskerne fein hacken oder reiben. Die Kartoffeln kochen, pellen und noch heiß durch eine Kartoffelpresse drücken. Mit Eigelben und Butter mischen und mit Salz, Pfeffer und Muskatnuss würzen. Aus dem Teig kleine Knödel (ø 2 cm) formen. Das Öl in einem Topf auf 170 °C erhitzen. Die Knödel nacheinander in Mehl, Ei und Kürbiskernen wenden und im heißen Öl goldgelb backen.

Das Ragout mit den Knödeln und Pflaumen anrichten und mit etwas Preiselbeerkompott garnieren.

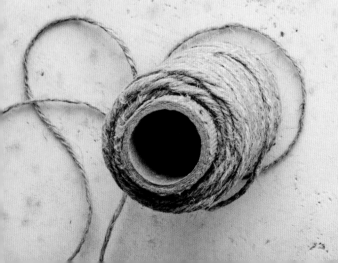

MARINIERTE REHNUSS
mit Quarkserviettenknödeln und gebratenem Chicorée

ZUBEREITUNGSZEIT: 60 MIN.
(ohne Marinier- und Garzeit)
Für 4 Personen

Für die Rehnuss
1 EL Wacholderbeeren
1 EL frisch gehackter Rosmarin
1 EL frisch gehackter Thymian
2 EL Olivenöl plus etwas
zum Anbraten
frisch gemahlener
schwarzer Pfeffer
600 g Rehnuss oder Rehfilet
Salz
2 EL frische Cranberrys
ca. 150 ml Wildfond oder
Rinderbrühe
Preiselbeerkonfitüre zum
Abschmecken
etwas frischer Thymian
zum Garnieren

Für die Quarkserviettenknödel
300 g Toastbrot
3 Eier
50 g sehr weiche Butter
100 g Magerquark
1 EL Bio-Orangenabrieb
2 Prisen frisch geriebene
Muskatnuss
1 Prise Salz
2 EL Sonnenblumenöl

Für die Fleischmarinade die Wacholderbeeren fein mörsern. Mit Rosmarin, Thymian und Olivenöl vermischen und mit Pfeffer würzen. Die Rehnuss abspülen, trocken tupfen, von Sehnen und Fett befreien und mit der Marinade einreiben. Abdecken und mindestens 1 Std. oder über Nacht kalt stellen.

Für die Knödel das Toastbrot klein würfeln. Die Eier trennen. Die Butter schaumig schlagen. Die Eigelbe nach und nach unterrühren, anschließend Quark, Orangenabrieb, Toastbrotwürfel, Muskat und Salz zugeben. Die Eiweiße steif schlagen und unterheben. Die Masse zu einer Rolle formen, zuerst in Frischhaltefolie, dann in Alufolie wickeln und in kochendem Wasser ca. 25 Min. ziehen lassen.
Die Knödelrolle herausnehmen, auspacken, in Scheiben schneiden und beiseitestellen.

★ *Fortsetzung auf der nächsten Seite*

*Fortsetzung des Rezepts
von Seite 90*

Für den Chicorée
4 rote Chicorée
2 EL Zucker
Salz

Den Chicorée halbieren. Zucker in einer Pfanne karamellisieren, die Chicorée-Hälften mit der Schnittfläche nach unten in die Pfanne legen, leicht bräunen, wenden, warm halten, salzen.

Den Backofen auf 150 °C Ober- und Unterhitze vorheizen. Olivenöl in einer ofenfesten Pfanne erhitzen. Die Rehnuss salzen und beidseitig langsam bei geringer Hitze ca. 3 Min. auf jeder Seite anbraten, darauf achten, dass die Kräuter nicht verbrennen. Die Cranberrys zugeben. Die Rehnuss 15–20 Min. im Backofen garen. Herausnehmen und 10 Min. ruhen lassen. Den Bratensatz mit Wildfond oder Rinderbrühe aufgießen, aufkochen und etwas einkochen lassen. Mit Preiselbeerkonfitüre, Salz und Pfeffer abschmecken.

Die Serviettenknödel in einer Pfanne mit Öl beidseitig braun braten.

Die Rehnuss aufschneiden und mit Serviettenknödeln, Soße und Chicorée anrichten. Mit Thymian bestreuen und servieren.

ROTE-BETE-TARTE
mit Honigsenfcreme

ZUBEREITUNGSZEIT: 45 MIN.

Für 6 Personen

600 g Rote Bete (vorgekocht)
1 Rolle Blätterteig (275 g)
2 Zweige Thymian
150 ml Sahne
2 Eier
200 g Frischkäse
1 EL Dijonsenf
2 EL Honig
Salz
frisch gemahlener
schwarzer Pfeffer
1 Handvoll Wildsalate

Außerdem
1 runde Tarteform (ø 20 cm)
Butter für die Form

Den Backofen auf 180 °C Ober und Unterhitze vorheizen. Die Tarteform fetten. Die Rote Bete in feine Scheiben schneiden; das geht am besten mit der Aufschnittmaschine. Größere Scheiben halbieren, so kann man sie besser wellig legen.

Den Blätterteig rund in der passenden Größe zuschneiden und in die Tarteform legen, den Rand einschlagen und mit der Schere jeweils im Abstand von 1 cm leicht einschneiden. Die Rote Bete schichtweise rundherum auf dem Blätterteig verteilen.

Den Thymian abbrausen, trocken tupfen und die Blätter abzupfen. Sahne, Eier, Frischkäse, Senf, Honig und Thymian glatt rühren, mit Salz und Pfeffer würzen. Die Masse auf der Tartefüllung verteilen.

Die Tarteform auf ein Backblech stellen und das Blech auf dem Backofenboden einschieben. 30–40 Min. backen. In der Zwischenzeit den Wildsalat waschen und trocken schleudern. Die Tarte herausnehmen, etwas abkühlen lassen und mit einigen Blättern Wildsalat servieren.

Leise rieselt der Tannenbaum

Wir schrieben das Jahrzehnt der Flokatiteppiche und Prilblumen –
die Siebziger. Es war Dezember, und in Münsters Kreuzviertel lag
der erste Schnee. Die Straßen und Dächer glitzerten und es sah aus,
als wäre die Stadt mit einer Schicht Puderzucker bedeckt. So war es
nicht verwunderlich, dass das ganze Viertel bereits in weihnachtlicher
Stimmung war. Beim Anblick der vielen erleuchteten, schön dekorierten
Fenster wurde auch meiner Mutter und mir festlich zumute. Es waren
noch ganze zwei Wochen bis Heiligabend, als wir uns aufmachten, um
einige Einkäufe zu erledigen. Im Kreuzviertel gab es zu dieser Zeit noch
viele kleine Tante-Emma-Läden, die ebenfalls reichlich geschmückt
die Straßen zierten. Zu den üblichen Schaufensterauslagen gesellten
sich Leckereien wie Dominosteine, Lebkuchen und Spekulatius und ich
hoffte, dass ich sie an Weihnachten auf meinem traditionellen bunten
Teller, neben Mandarinen, Nüssen und selbstgebackenen Plätzchen,
wiederfinden würde. Mit gefüllten Einkaufstaschen machten wir uns auf
den Heimweg, als wir beim Händler um die Ecke einige schön gewachsene
Tannenbäume entdeckten, die dicht mit leuchtend grünen Nadeln besetzt
waren. Eigentlich war es in meiner Familie Brauch, gemeinsam kurz vor
dem Fest eine frisch geschlagene Tanne auf dem Wochenmarkt zu kaufen.
Doch einer dieser hübschen Bäume gefiel meiner Mutter und mir so gut,
dass wir kurzerhand beschlossen, ihn gleich mitzunehmen. So trugen
wir beide den Tannenbaum heim und träumten bereits davon, wie er am
Heiligen Abend mit buntem Weihnachtsschmuck bestückt, unsere gute
Stube zieren würde.

Zu Hause angekommen, lagerten wir ihn in unseren kalten, dunklen
Kohlenkeller ein, wo er auf den großen Tag warten sollte. Auch
meine Geschwister und ich fieberten schon voller Sehnsucht dem
Weihnachtsfest entgegen, das gar nicht schnell genug kommen wollte.
Am Heiligen Abend drängten wir Kinder unseren Vater, den Tannenbaum
nach oben in die Wohnung zu holen. Am späten Vormittag, meine Mutter
bereitete gerade das Essen vor, ging er dann endlich die unzähligen
Stufen hinab in den Keller. Doch was ich sah, als mein Vater wieder
bei uns im vierten Stock ankam, hatte keine Ähnlichkeit mehr mit der
schönen, dichten Tanne, die meine Mutter und ich ausgesucht hatten.

Es war nicht zu leugnen, dass die Lagerung im kalten Keller dem Bäumchen ordentlich zugesetzt hatte. Die Reise von dort hinauf zu unserer Wohnung hatte dann ihr Übriges getan: Kaum eine Nadel zierte mehr die Äste – sie waren alle ganz leise ins gesamte Treppenhaus gerieselt …

Meine beiden älteren Brüder und ich waren furchtbar enttäuscht und traurig. Doch so gutherzig, wie mein Vater immer war, schnappte er sich uns Kinder, um auf dem Markt noch schnell einen neuen Tannenbaum zu besorgen.

Da ich große Angst hatte, keinen mehr zu ergattern, lief ich auf den erst-besten Verkaufsstand zu, griff mir einen Baum und rief aufgeregt: „Vati, Vati, lass uns doch diesen nehmen, dann haben wir wenigstens einen!" Er war vielleicht nicht ganz so dicht und grün wie der, den meine Mutter und ich gekauft hatten, aber in diesem Moment war das völlig egal.

Mächtig stolz trugen wir Geschwister die neue Tanne dann zu dritt nach Hause. Mein großer Bruder packte sie an der Spitze, mein kleiner Bruder in der Mitte und ich Nesthäkchen durfte sie ganz am Ende festhalten. Zu Hause wurde das Bäumchen dann aufgestellt, geschmückt und von der ganzen Familie bewundert. Wie schön es doch geworden war!

Rita Müller

GEFÜLLTE GANS MIT BIRNEN-ROTKRAUT
und Kartoffel-Grieß-Knödeln

ZUBEREITUNGSZEIT: 4 STD.

Für 6 Personen

Für die gefüllte Gans
1 Gans (ca. 4 kg; küchenfertig)
1 Zwiebel
3 säuerliche Äpfel
1 TL Majoran
Salz
frisch gemahlener
weißer Pfeffer

Für die Soße
1 EL Öl
1 EL Tomatenmark
1 l Geflügelbrühe
Salz
frisch gemahlener
schwarzer Pfeffer
Speisestärke nach Bedarf

Die Gans innen und außen abspülen und trocken tupfen. Hals und Flügel entfernen. Den Backofen auf 180 °C Ober- und Unterhitze vorheizen. Für die Füllung die Zwiebel schälen und vierteln, die Äpfel schälen, vom Kerngehäuse befreien und vierteln. Zwiebel und Äpfel mit Majoran vermischen und mit Salz und Pfeffer würzen. Die Gans damit füllen und mit Rouladengarn zusammenbinden. Die Backofentemperatur auf 160 °C reduzieren und die Gans in einem Bräter auf der unteren Schiene 3–3,5 Std. garen, dabei regelmäßig auf die andere Keulenseite drehen und mit dem Schmorfond begießen; die Gans erst zum Schluss auf den Rücken legen.

Die fertige Gans herausnehmen, auf ein kaltes Ofengitter legen und außerhalb des Ofens 10–15 Min. ruhen lassen. Danach die Gans auf dem Gitter mit einem Abtropfblech darunter bei 180 °C Oberhitze 5 Min. in den Ofen schieben, damit die Haut schön knusprig wird.
Für die Soße das Fett vorsichtig aus dem Bräter abgießen und auffangen. Den Bräter auf den Herd stellen, den Bratensatz mit Öl leicht anrösten, das Tomatenmark kurz mitrösten. Geflügelbrühe angießen, aufkochen und bei niedriger Hitze ca. 30 Min. köcheln lassen. Mit Salz und Pfeffer würzen. Ist die Soße zu dünn, ggf. Speisestärke in kaltem Wasser glatt rühren, zugeben und die Soße kurz aufkochen. Die Soße durch ein feines Sieb passieren.

★ *Fortsetzung auf der nächsten Seite*

*Fortsetzung des Rezepts
von Seite 99*

Für das Birnen-Rotkraut
800 g Rotkohl
Salz
Saft von 2 Zitronen
1 Zwiebel
2 Birnen
30 g Zucker
2 EL Essig
500 ml kräftiger trockener
Rotwein
80 g Gänsefett (vom Gänse-
schmorfond abgeschöpft)
50 g Honig
weißer Pfeffer
Saft von 2 Orangen
80 g passierte Preiselbeeren

*Für die Kartoffel-Grieß-
Knödel*
350 ml Milch
40 g Butter
150 g Hartweizengrieß
400 g Kartoffeln mit Schale
(mehligkochend)
2 Eigelb
Salz, Pfeffer
frisch geriebene Muskatnuss
frisch gehackte Petersilie
zum Bestreuen

Für das Rotkraut den Kohl putzen und in feine Streifen schneiden. Die Streifen in einem Sieb unter kaltem Wasser abspülen und ausdrücken. Leicht salzen, mit dem Saft von 1 Zitrone vermischen; so wird das Kraut schön rot. Die Zwiebel schälen und fein würfeln. Die Birnen schälen, vom Kerngehäuse befreien und reiben. Den Zucker bei mittlerer Hitze goldgelb karamellisieren lassen. Mit Essig und Rotwein ablöschen. Das Gänsefett zufügen, die Flüssigkeit etwas einkochen lassen und die Zwiebelwürfel darin andünsten. Honig zugeben, mit Salz und Pfeffer würzen und die Flüssigkeit erneut ca. 5 Min. einkochen lassen. Orangen- und restlichen Zitronensaft mit geriebenen Birnen, dem Rotkraut und Preiselbeeren zufügen und alles bei mittlerer Hitze ca. 30 Min. weich dünsten, dabei regelmäßig umrühren. Falls nötig, abschmecken. Das Kraut von der Herdplatte nehmen und vor dem Servieren einige Minuten ziehen lassen.

Für die Kartoffel-Grieß-Knödel Milch, Butter und Grieß in einem Topf aufkochen und auskühlen lassen. Kartoffeln in der Schale kochen, pellen und durch eine Kartoffelpresse drücken. Die Grießmasse mit Kartoffeln und Eigelben vermengen, mit Salz, Pfeffer und Muskat würzen, zu 3–4 cm großen Knödeln formen und in einem Topf mit Salzwasser ca. 10 Min. köcheln lassen. Die Knödel herausnehmen, mit Petersilie bestreuen und mit der Gans, der Soße und dem Rotkraut servieren.

Edles Gebäck

UND DESSERTS

Mein schönstes Fest

Ich ging in die dritte Klasse. Meine Mutter, mein Vater und ich hatten ein halbes Jahr im Osten der USA verbracht und unsere Rückreise war für den 21. Dezember geplant. Wir würden in Frankfurt landen und Weihnachten bei meinen Großeltern in der Lüneburger Heide verbringen. Ich konnte es kaum erwarten, meine alten Freunde wiederzusehen, und freute mich riesig auf Omas Rehbraten. Wir hatten herrliche Mitbringsel für alle dabei und Oma hatte mir ein ganz besonderes Geschenk versprochen. Darauf war ich natürlich total gespannt.

Alles war vorbereitet: die Kisten und Koffer gepackt, die Wohnung übergeben und mein Vater schon vor ein paar Tagen vorausgeflogen. Meine Mutter und ich wohnten bei Freunden und warteten auf den Heimflug. So saßen wir am Tag vor unserer Abreise alle gemeinsam im Wohnzimmer, meine Mutter blätterte in einer Zeitschrift, im Radio spielten sie Bing Crosbys „White Christmas", als ich vor dem Fenster die ersten Flocken entdeckte. Immer mehr fielen zu Boden, das Gestöber wurde dichter und dichter, bis vor dem Fenster nichts mehr zu erkennen war als Schnee. Im Handumdrehen war alles weiß – es sah ganz traumhaft weihnachtlich aus. Ich war begeistert! Meine Mutter allerdings war weniger euphorisch, denn nicht nur bei uns versank alles in Weiß; in ganz Neuengland stürmte und schneite es. Sie hörte die Nachrichten und machte sich Sorgen. Ein Flughafen nach dem anderen wurde geschlossen, bis die Ostküste quasi von der Außenwelt abgeschnitten war. Wie sollten wir nach Hause kommen? Während ich Süßigkeiten naschte, Zeichentrickfilme schaute und immer wieder selig aus dem Fenster blickte, telefonierten die Erwachsenen stundenlang herum. Endlich war eine Lösung gefunden: Boston International war noch in Betrieb. Am nächsten Tag sollte von dort ein Flug nach Frankfurt gehen. So fuhren wir am nächsten Morgen durch dichtes Schneegestöber nach Boston, verabschiedeten uns und checkten ein. Im Flugzeug sollten dann noch über sieben Stunden vergehen, bis der Flieger endlich abhob – gen Deutschland. Es war offenbar der letzte Flug gewesen, der vor Heiligabend von der Ostküste nach Europa ging.

Wir hatten es geschafft und feierten tatsächlich bei meiner Oma in der Lüneburger Heide, alle Freunde und Verwandten waren gekommen. Omas Rehbraten schmeckte sogar noch besser, als ich ihn in Erinnerung hatte, und unsere Mitbringsel fanden begeisterte Abnehmer. Das versprochene besondere Geschenk hob Oma bis zum Schluss auf. Lächelnd übergab sie mir unter dem funkelnden Weihnachtsbaum einen Kleintierkäfig. Darin saß ein unglaublich niedliches Hamsterbaby! Es war schneeweiß und ich liebte es sofort über alles. Ich habe das Fest bis heute als wunderschön in Erinnerung. Und obwohl der Schnee beinahe alle Pläne durchkreuzt hätte, freue ich mich jedes Jahr über jede Flocke, die an Weihnachten den Weg zu uns findet.

Greta Barth

WEIHNACHTSMACARONS
mit Schokoladenfüllung

ZUBEREITUNGSZEIT: 50 MIN.

Für 13 Stück

Für die Macarons
300 g gemahlene Mandeln
45 g Kakaopulver
300 g Puderzucker
220 g Eiweiß
340 g Zucker

Für die Füllung
100 ml Sahne
100 g Bitterkuvertüre
2 Msp. Lebkuchengewürz

Außerdem
Spritzbeutel mit glatter
Tülle (Nr. 5)

Für die Macarons gemahlene Mandeln, Kakaopulver, Puderzucker und 110 g Eiweiß mit den Knethaken 3 Min. verkneten. Das restliche Eiweiß mit 30 g Zucker steif schlagen. Den restlichen Zucker in einem Topf mit 100 ml Wasser bis 118 °C aufkochen. Den heißen Zuckersirup langsam in den Eischnee laufen lassen; den Eischnee langsam weiterschlagen, bis die Masse kalt ist. Ein Drittel der Eischneemasse unter die Mandelmischung rühren, sodass eine zähe Masse entsteht. Den restlichen Eischnee unterheben, bis eine seidige Masse entsteht.

Den Backofen auf 140 °C Ober- und Unterhitze vorheizen. Die Macaronmasse in einen Spritzbeutel mit glatter Tülle füllen und gleichmäßige Kreise mit Abstand zueinander auf ein mit Backpapier ausgelegtes Backblech spritzen. Bei Zimmertemperatur 20 Min. ruhen lassen, bis die Masse auf der Oberfläche leicht getrocknet ist. 15 Min. backen. Auskühlen lassen und vom Backpapier lösen.

Für die Füllung die Sahne in einem Topf aufkochen. Die Kuvertüre fein hacken und in eine Schüssel geben. Die Sahne darübergießen, Lebkuchengewürz zufügen, umrühren und die Masse auskühlen lassen. Die kalte Ganache kurz durchrühren; sie sollte glatt und dickcremig sein. Die Füllung in einen Spritzbeutel füllen und bei der Hälfte der Macarons auf die Unterseite spritzen. Die restlichen Macarons daraufsetzen. Trocknen lassen.

GEBRATENER FRÜCHTESTOLLEN
mit Pflaumen und weißer Basilikumcreme

ZUBEREITUNGSZEIT: 1 STD.
(ohne Kühlzeit)

Für 4 Personen

Für die Basilikumcreme
20 g frisches Basilikum
130 g weiße Kuvertüre
300 ml Sahne
Abrieb von 1 Bio-Zitrone

Für die Pflaumen
200 g getrocknete Pflaumen
20 g brauner Zucker
1 Zimtstange
1 Stück Sternanis
1 Beutel schwarzer Tee

Außerdem
3 Orangen
1 Früchtestollen oder
Früchtebrot (Fertigprodukt)
Butter zum Anbraten
frische Basilikumblätter
zum Dekorieren

Für die Basilikumcreme das Basilikum abbrausen, trocken tupfen und grob hacken. Die Kuvertüre grob hacken und in eine Schüssel geben. Sahne, Zitronenabrieb und Basilikum aufkochen und 10 Min. ziehen lassen. Erneut aufkochen und durch ein Sieb über die grob gehackte Kuvertüre gießen. 10 Min. ruhen lassen, dann mit dem Stabmixer fein pürieren. Mit Frischhaltefolie abdecken und über Nacht kalt stellen.

Die Pflaumen falls nötig entsteinen. 250 ml Wasser mit braunem Zucker, Zimtstange und Sternanis aufkochen. Den Teebeutel einlegen und 10 Min. ziehen lassen. Den Teebeutel herausnehmen, die Flüssigkeit aufkochen, die Pflaumen einlegen und bei niedriger Hitze 3 Min. weich köcheln. Auskühlen lassen.

Die Orangen schälen und in feine Scheiben schneiden. Die Basilikumcreme mit dem Handrührgerät leicht cremig aufschlagen. Die Orangen auf Teller verteilen. Die Creme darauf locker mit einem Löffel verteilen. Den Früchtestollen in 1 cm dicke Scheiben schneiden. Die Scheiben in einer Pfanne mit Butter bei geringer Hitze beidseitig leicht braun braten. Mit den Pflaumen auf den Tellern verteilen und mit Basilikumblättern dekorieren.

SCHOKOLADEN-ORANGEN-TARTE

ZUBEREITUNGSZEIT: 45 MIN.
(ohne Backzeit)

Für 12 Stücke

Für den Teig
100 g weiße Kuvertüre
60 g sehr weiche Butter
plus etwas für die Form
3 Eier, getrennt
60 g Mehl (Type 405) plus
etwas für die Form
60 g Puderzucker
100 g fein gemahlene Mandeln
70 g Zucker
100 g kandierte Orangen
40 ml Orangensaft

Für den Belag
2–3 Bio-Orangen
300 g Zucker
Tarteform (ø 24 cm)

Für den Teig die Kuvertüre fein hacken und über dem heißen Wasserbad schmelzen. Lauwarm abkühlen lassen. Butter und Kuvertüre schaumig schlagen. Eigelbe unterrühren. Den Backofen auf 170 °C Ober- und Unterhitze vorheizen. Mehl und Puderzucker sieben und mit den Mandeln vermischen. Die Eiweiße gut anschlagen, nach und nach den Zucker einrieseln lassen, bis ein cremiger Eischnee entsteht. Den Eischnee unter die Mehlmischung heben. Die kandierten Orangen fein hacken und mit der Butter-Kuvertüre-Masse und dem Orangensaft unterrühren. Die Tarteform fetten und mit Mehl ausstäuben. Die Masse einfüllen, glatt streichen und ca. 35 Min. backen.

Für den Belag die Orangen heiß abwaschen, trocken tupfen und in feine Scheiben schneiden. Zucker und 250 ml Wasser aufkochen, die Orangen zugeben und auf kleiner Flamme einige Minuten kochen lassen. Vom Herd nehmen und im Sud auskühlen lassen. Die Tarte mit den Orangescheiben belegen und servieren.

MINI-CHRISTMAS-CAKES

ZUBEREITUNGSZEIT: 45 MIN.
(ohne Zieh- und Backzeit)

Für 12 Küchlein

300 g getrocknete Feigen
150 g getrocknete Datteln
150 g Rosinen
150 g Orangeat
200 ml Weinbrand
150 g Mandelstifte
1 TL Zimt
2 Prisen frisch geriebene
Muskatnuss
1 Pck. Vanillezucker
200 g brauner Zucker
300 g weiche Butter plus
etwas für die Formen
220 g Mehl plus etwas
für die Formen
1 Pck. Backpulver
4 Eier
100 g geschälte ganze
Mandeln

Außerdem
12 Dessertringe
(ø 6 cm, 5 cm hoch)

Feigen und Datteln in ca. 1 cm große Stücke schneiden. Mit Rosinen, Orangeat und Weinbrand in einer Schüssel mischen und abgedeckt über Nacht im Kühlschrank ziehen lassen.

Mandelstifte, Zimt, Muskatnuss, Vanillezucker und 130 g braunen Zucker in einer Schüssel mischen. Die Butter schaumig schlagen. Den restlichen Zucker und die eingelegten Trockenfrüchte zur Buttermasse geben und die Mandel-Gewürz-Mischung unterrühren. Das Mehl sieben, mit dem Backpulver und den Eiern zugeben und alles zu einem Teig verrühren.

Den Backofen auf 180 °C Ober- und Unterhitze vorheizen. Die Dessertringe fetten, mit Mehl ausstäuben und auf ein mit Backpapier ausgelegtes Backblech stellen. Den Teig auf die Dessertringe verteilen. Mit den geschälten Mandeln belegen. Die Küchlein 30–35 Min. backen.

BETHMÄNNCHEN

Ergibt 1 Blech

250 g Marzipanrohmasse, 75 g Puderzucker,
1 EL Mehl, 2 kleine Eiweiß, 1 TL Zitronensaft,
ca. 50 geschälte Mandeln,
1 TL Rosenwasser zum Backen

Marzipan, Puderzucker, Mehl, 1 Eiweiß und den Zitronensaft mit den Händen verkneten. Dann aus der Masse 30
kirschgroße Kugeln formen.
Die Mandeln halbieren und jeweils drei Hälften aufrecht
an die Kugeln drücken. Den Ofen auf 140 °C Ober- und
Unterhitze vorheizen und ein Blech mit Backpapier
auslegen. Die Kugeln daraufsetzen. Das Rosenwasser mit
dem zweiten Eiweiß verrühren und die Bethmännchen
damit bepinseln. Für ca. 40 Min. im Ofen goldbraun
backen.

VANILLEKIPFERL

Ergibt 1 Blech

250 g Mehl plus etwas zum Verarbeiten,
75 g Speisestärke, 125 g gemahlene Mandeln,
70 g Zucker, 200 g zimmerwarme Butter, 2 Eigelb,
3 Pck. Vanillezucker

Mehl, Stärke, Mandeln, Zucker, Butter und Eigelbe zügig
zu einem Teig verkneten. Diesen auf der leicht bemehlten
Arbeitsfläche rasch zu einer ca. 5 cm dicken Rolle formen.
Die Teigrolle in Frischhaltefolie wickeln und 30 Min.
kalt stellen. Den Ofen auf 180 °C Ober- und Unterhitze
vorheizen und ein Blech mit Backpapier auslegen. Die
Teigrolle in 1 cm dicke Scheiben schneiden, diese zu
Hörnchen formen und auf das Backblech legen. Die Kipferl
ca. 12 Min. hell backen.
Den Vanillezucker auf einen flachen Teller geben und die
Kipferl darin wenden.

PLÄTZCHEN MIT ORANGENMARMELADE
und Pekannüssen

ZUBEREITUNGSZEIT: CA. 1 STD.
(ohne Ruhe- und Backzeit)

Für ca. 30 Stück

Für den Teig
230 g Mehl (Type 405) plus
etwas für die Arbeitsfläche
100 g Puderzucker
1 Pck. Vanillezucker
50 g gemahlene Haselnüsse
1 Prise Salz
150 g kalte Butter
1 Ei

Außerdem
ca. 100 g Orangenmarmelade
100 g Schokoladenglasur
(Fertigprodukt)
ca. 100 g Pekannüsse
rund gewellte Ausstechform
(ø 4 cm)

Für den Teig das Mehl in eine Schüssel sieben und mit Puderzucker, Vanillezucker, Haselnüssen und Salz vermengen. Eine Mulde in der Mitte formen und die Butter in kleinen Stückchen sowie das Ei hineingeben. Die Zutaten mit der Hand zu einem glatten Teig verkneten. Den Teig zu einer Kugel formen, in Frischhaltefolie wickeln und mindestens 1 Std. kalt stellen.

Den Backofen auf 180 °C Ober- und Unterhitze vorheizen. Den Teig kurz durchkneten und auf der bemehlten Arbeitsfläche ca. 3 mm dick ausrollen. Plätzchen ausstechen, bis der Teig aufgebraucht ist. Die Plätzchen auf mit Backpapier ausgelegte Backbleche legen und nacheinander 8–10 Min. goldbraun backen; die Plätzchen dabei nicht aus den Augen lassen, da sie schnell zu dunkel werden. Auskühlen lassen.

Die Orangenmarmelade aufkochen und leicht abkühlen lassen. Immer 2 Plätzchen mit Marmelade dazwischen zusammensetzen und ca. 20 Min. ruhen lassen, bis die Marmelade abgekühlt ist. Die Schokoladenglasur nach Packungsanleitung erhitzen und die Pekannüse grob hacken. Die Glasur locker mit einem Löffel über die Plätzchen ziehen. Zum Schluss die Pekannüsse darüberstreuen. Trocknen lassen.

LIMETTEN-OLIVENÖL-PARFAIT
mit karamellisierter Ananas

ZUBEREITUNGSZEIT: 30 MIN.

Für 4 Personen

Für das Parfait
3 Eigelb
50 g Puderzucker
Saft und Abrieb von
1 Bio-Limette
je 2 Msp. gemahlener Ingwer,
Piment und Zimt
80 ml Olivenöl
250 ml Sahne

Für die Ananas
½ Ananas
30 g Zucker
100 ml Orangensaft
2 EL Kürbiskerne

Außerdem
3 EL Minze
kleine Kastenform
(ca. 8 cm x 15 cm)

Für das Parfait Eigelbe, Puderzucker, Limettenabrieb, Ingwer, Piment und Zimt schaumig schlagen. Das Olivenöl nach und nach einrühren. Den Limettensaft zugeben. Die Sahne leicht aufschlagen und unterheben. Die Kastenform mit Backpapier auslegen und die Masse 2 cm hoch einfüllen. Mit Frischhaltefolie abdecken und über Nacht ins Tiefkühlfach stellen. Alternativ die Parfaitmasse in Kaffeetassen oder Schälchen füllen.

Die Ananas schälen und der Länge nach in feine Spalten schneiden, dabei den Strunk entfernen. Zucker in einer Pfanne bei mittlerer Hitze karamellisieren lassen, mit dem Orangensaft ablöschen. Die Ananasspalten darin beidseitig rösten. Anschließend die Kürbiskerne kurz darin schwenken.

Das Parfait aus der Form heben und in längliche Stücke schneiden. Mit Ananasscheiben und Kürbiskernen anrichten und mit der Minze garnieren.

SCHOKOLADENPLÄTZCHEN
mit Erdnussbuttercreme

ZUBEREITUNGSZEIT: 45 MIN.
(ohne Ruhe- und Backzeit)

Für ca. 50 Stück

Für den Teig
230 g Mehl (Type 405) plus
etwas für die Arbeitsfläche
100 g Puderzucker
1 Pck. Vanillezucker
50 g gemahlene Haselnüsse
1 EL Kakaopulver
1 Prise Salz
150 g kalte Butter
1 Ei

Für die Cremefüllung
100 g Butter
60 g Puderzucker
200 g Erdnussbutter

Außerdem
rund gewellte Ausstechform
(ø 4 cm)
Spritzbeutel mit kleiner
Sterntülle (Nr. 2)

Für den Teig Mehl in eine Schüssel oder auf die Arbeitsfläche sieben und mit Puderzucker, Vanillezucker, Haselnüssen, Kakaopulver und Salz vermischen. Eine Mulde in der Mitte formen und die Butter in kleinen Würfeln sowie das Ei hineingeben. Die Zutaten mit der Hand zu einem glatten Teig verkneten. Den Teig zu einer Kugel formen, in Frischhaltefolie wickeln und mindestens 1 Std. im Kühlschrank ruhen lassen.

Den Backofen auf 180 °C Ober- und Unterhitze vorheizen. Den Teig kurz durchkneten und auf der bemehlten Arbeitsfläche ca. 3 mm dick ausrollen. Plätzchen ausstechen, bis der Teig aufgebraucht ist. Die Plätzchen auf mit Backpapier ausgelegte Backbleche legen und nacheinander ca. 15 Min. goldbraun backen; die Plätzchen dabei nicht aus den Augen lassen, da sie schnell zu dunkel werden. Auskühlen lassen.

Für die Cremefüllung Butter und Puderzucker schaumig schlagen. Erdnussbutter unterrühren. Die Creme in den Spritzbeutel mit Sterntülle füllen. Auf die Hälfte der Plätzchen am Rand Creme aufspritzen. Die restlichen Plätzchen daraufsetzen. Die Oberseite der Plätzchen ggf. mit kleinen Cremetupfen verzieren. Im Kühlschrank aufbewahren.

SCHOKOLADEN-PANNACOTTA
mit Granatapfel

ZUBEREITUNGSZEIT: 35 MIN.

Für 4 Personen

Für die Pannacotta
4 Blatt Gelatine
1 Vanilleschote
150 ml Milch
350 ml Sahne
70 g Zucker
20 g Kakaopulver

Außerdem
1 reifer Granatapfel
ca. 100 g Schokolade
4 flache Schalen (à 110 ml)

Gelatine in reichlich kaltem Wasser einweichen. Die Vanilleschote längs halbieren und das Mark herausschaben. Milch, Sahne, Zucker, Kakaopulver sowie Vanilleschote und -mark in einem Topf aufkochen. Vom Herd nehmen und 30 Min. ziehen lassen. Erneut aufkochen und die Vanilleschote entfernen. Die Gelatine gut ausdrücken, in die heiße Flüssigkeit geben und darin auflösen. Die Milchmischung durch ein Sieb geben und auf 4 Schalen verteilen. Abdecken und ca. 6 Std. im Kühlschrank fest werden lassen.

Den Granatapfel halbieren. Die Kerne herausschaben und auf der Pannacotta verteilen. Mit einem Messer von der Schokolade Späne abschaben und die Pannacotta damit dekorieren.

GEBRATENE FEIGEN
mit Mascarponecreme

ZUBEREITUNGSZEIT: 20 MIN.

Für 4 Personen

Für die karamellisierten
Haselnüsse
2 EL Zucker
30 g ganze Haselnüsse

Für die Mascarponecreme
150 g Mascarpone
15 g Puderzucker
100 ml Sahne
Saft und Abrieb von
1 Bio-Zitrone

Für die gebratenen Feigen
4 reife Feigen
2 EL Honig

Außerdem
½ TL Kakaopulver

Für die Haselnüsse den Zucker in einer Pfanne karamellisieren. Die Haselnüsse unterrühren. Die Masse auf einem Bogen Backpapier verteilen und auskühlen lassen. Anschließend grob hacken.

Für die Creme Mascarpone, Puderzucker und Sahne mit dem Schneebesen in einer Schüssel kurz aufschlagen. Zitronenabrieb und -saft unterrühren.

Die Feigen in dicke Scheiben schneiden. Den Honig in einer Pfanne erhitzen. Die Feigenscheiben zugeben, kurz erwärmen, wenden und nochmals kurz durchschwenken. Die Feigen mit der Mascarponecreme auf Tellern anrichten. Mit den karamellisierten Haselnüssen und Kakaopulver bestreuen.

Unser ganz persönliches Christkind

Die Weihnachtszeit ist eine Zeit voller Vorfreude und Spannung. Wir warteten in diesem Jahr nicht nur auf die Bescherung, sondern auch auf ein ganz besonderes Geschenk: Meine Frau war in der dreiunddreißigsten Woche schwanger und gemeinsam mit unseren Kindern freuten wir uns, dass unsere Familie sich im neuen Jahr vergrößern würde.

Unsere Kinder waren ebenso neugierig auf das neue Geschwisterchen wie wir Eltern und vertrieben sich die Zeit bis Weihnachten mit den üblichen Vorbereitungen: Die Wunschzettel wurden geschrieben und Weihnachtslieder geprobt. Es herrschte wie immer geschäftiges Treiben, denn selbst gemachte Weihnachtsgeschenke standen hoch im Kurs.

Es wurde gebastelt und gemalt, in jedem Kinderzimmer wurde eifrig gewerkelt und an den Zimmertüren hingen selbst gemalte Schilder mit der Aufschrift: Betreten verboten!

Meine Frau musste sich natürlich schonen und so versuchten alle gemeinsam, für die nötige Ruhe zu sorgen. Als dann jedoch das dritte Adventswochenende anbrach, war es mit der Ruhe plötzlich vorbei: Sieben Wochen vor dem errechneten Geburtstermin platzte die Fruchtblase – viel zu früh! Jetzt musste alles schnell gehen und Weihnachten war auf einmal ganz weit weg. Mit dem Krankenwagen wurde meine Frau sofort in die Klinik gebracht. So hatten wir uns den Dezember nicht vorgestellt. Ich pendelte zwischen daheim und Krankenhaus, unsere Kinder gaben zu Hause ihr Bestes, um uns zu helfen und alles für das Weihnachtsfest vorzubereiten. Natürlich machten wir uns alle Sorgen und hofften, dass wir den Heiligen Abend irgendwie gemeinsam verbringen können – und dieser rückte ja immer näher! Nur einen Tag vor Weihnachten wurde es dann plötzlich hektisch im Krankenhaus: Die Geburt konnte nicht mehr herausgezögert werden, das Baby musste nun auf die Welt kommen.

Nach langen Mühen war es dann geschafft: Den ersten Schrei von unserem kleinen Jungen werden wir nie vergessen! Doch weil er sechs Wochen zu früh geboren war, mussten wir unseren kleinen Sohn schon

kurz nach der Geburt wieder aus den Händen geben, damit sich die Ärzte
gut um ihn kümmern konnten. Wir wünschten uns so sehr, dass es allen
gut ging und auch unser kleiner Sohn die Strapazen gut überstanden hätte
– die Zeit hatten wir völlig aus den Augen verloren. Erst nachdem Baby
und Mutter ärztlich versorgt waren, konnten wir auch einen Blick auf die
Uhr werfen. Die Schwester war schon dabei, den ersten Papierkram zu
erledigen. Wir erhaschten einen Blick auf die Notiz mit Geburtsdatum
und -zeit und konnten es kaum glauben: Unser Sohn war offiziell um
00:01 Uhr am 24. Dezember zur Welt gekommen. Unser persönliches
Christkind – als wollte der kleine Neugeborene uns für die Mühen
entschädigen. Glücklicherweise hatte sich meine Frau schon ein wenig
von der Geburt erholt, sodass wir am selben Tag kurz nach Hause fahren
konnten, um im Kreis der Familie Weihnachten zu feiern. Und dort
erwartete uns die nächste Überraschung: Unsere Kinder hatten keine
Mühen gescheut, das Haus dekoriert und alles für uns hergerichtet. Da
wir als Eltern keine Gelegenheit gefunden hatten, den Baum zu kaufen,
hatten die Kids den besorgt, aufgebaut und wunderschön geschmückt.
In den kommenden Wochen fuhren meine Frau und ich täglich ins
Krankenhaus, wo unser kleiner Sohn immer noch auf der Intensivstation
lag und medizinisch überwacht und versorgt wurde. Die frischgebackenen
Geschwister sorgten derweil zu Hause dafür, dass alles ordentlich lief,
und gaben uns die Zeit, uns um den Kleinen zu kümmern. In einer großen
Familie ist so etwas möglich, und ich bin ziemlich stolz auf unsere
Kinder, dass sie in schwierigen Zeiten wirklich zusammenhalten. Diese
ganz besondere Weihnachtszeit hat uns allen vor Augen geführt, dass
Liebe und eine gute Gemeinschaft mehr wert sind als aller Reichtum auf
dieser Erde. Diese Erkenntnis haben wir auch unserem persönlichen
Christkind zu verdanken und die Erinnerung an seine Geburt begleitet
uns natürlich jedes Jahr zur Weihnachtszeit aufs Neue.

Norbert Bruns

PFEFFERNÜSSE

Ergibt 2 Bleche

2 Eier, 250 g Zucker,
30 g fein gehacktes Zitronat, ½ TL Zimt,
½ TL Piment, 1 Prise Kardamom,
1 Prise Anis, 1 Prise weißer Pfeffer,
250 g Mehl, 1 TL Backpulver

Eier und Zucker schaumig schlagen. Zitronat, Zimt,
Piment, Kardamom, Anis, Pfeffer, Mehl und Backpulver
mischen und mit der Ei-Zucker-Masse zügig zu einem
glatten Teig verkneten. Diesen in Frischhaltefolie wickeln
und 30 Min. kalt stellen. Dann zwei Bleche mit Backpapier
auslegen, aus dem Teig walnussgroße Kugeln formen und
auf die Bleche setzen. Über Nacht trocknen lassen. Den
Ofen auf 180 °C Ober- und Unterhitze vorheizen und die
Bleche nacheinander für ca. 18 Min. in den Ofen geben.
Anschließend die Pfeffernüsse mit dem Backpapier vom
Blech ziehen und auskühlen lassen.

*Tipp: Die Pfeffernüsse nach Belieben mit weißem Zuckerguss
überziehen.*

Hasselnød-Smakager

Ergibt 2 Bleche

250 g gemahlene Haselnüsse, 250 g Butter,
200 g Zucker, 300 g Mehl, 2 EL Sahne,
1 EL Kakaopulver

Nüsse in einer Pfanne rösten und anschließend abkühlen
lassen. Butter und Zucker cremig rühren. Dann das Mehl,
die Sahne und die abgekühlten Nüsse mit der Butter-
mischung vermengen. Den Teig zu 4–5 Rollen (je nach
gewünschter Größe) formen und rundherum mit Kakao
bestäuben. Anschließend in Frischhaltefolie wickeln und
für ca. 1 Std. in den Kühlschrank legen. Den Backofen
auf 180 °C Ober- und Unterhitze vorheizen. Inzwischen
die Rollen in 5 mm dicke Scheiben schneiden. Backblech
mit Backpapier auslegen und die Hasselnød-Smakager
darauflegen. Ca. 10 Min. backen.

POCHIERTE SAFRANBIRNE
mit weichem Schokoladenkuchen

ZUBEREITUNGSZEIT: 45 MIN.
(ohne Ziehzeit)

Für 4 Personen

Für die Safranbirnen
4 kleine saftige Birnen
Saft von 2 Zitronen
500 ml Weißwein
100 g Zucker
0,1 g Safran

Für den Schokoladenkuchen
60 g Puderzucker
30 g Mehl (Type 405)
plus etwas für die Form
60 g gemahlene Mandeln
4 Eier
120 g Butter plus etwas
für die Form
120 g Bitterkuvertüre
1 EL Kakaopulver

Außerdem
Springform (ø 20 cm)

Für die Safranbirnen die Birnen mit dem Sparschäler schälen und mit Zitronensaft einreiben. Weißwein, 200 ml Wasser, Zucker und Safran aufkochen und die Birnen darin ca. 20 Min. köcheln lassen. Abdecken und über Nacht kalt stellen, so bekommen die Birnen eine wunderbare gelbe Farbe.

Für den Schokoladenkuchen 30 g Puderzucker, Mehl und Mandeln in einer Schüssel vermischen. Die Eier trennen, die Eigelbe beiseitestellen. Die Eiweiße steif schlagen, dabei den restlichen Puderzucker nach und nach zugeben. Butter in einem Topf erhitzen, bis sie leicht braun wird. Die Kuvertüre zerkleinern und im heißen Wasserbad schmelzen. Butter und Kuvertüre zu den trockenen Zutaten geben und alles verrühren. Die Eigelbe unterrühren und zum Schluss den Eischnee unterheben.

Den Backofen auf 180 °C Ober- und Unterhitze vorheizen. Die Springform fetten und mit Mehl ausstäuben. Den Teig einfüllen und glatt streichen. 30–35 Min. backen. Auskühlen lassen und mit Kakaopulver bestreuen. Den Kuchen in Stücke schneiden und mit den Safranbirnen servieren.

WEIHNACHTSTARTE
mit Trockenfrüchten

ZUBEREITUNGSZEIT: 45 MIN.
(ohne Kühl- und Backzeit)

Für 8 Stücke

Für den Mürbeteig
200 g Mehl (Type 405) plus
etwas für die Arbeitsfläche
100 g Butter plus etwas für die
Form
50 g Puderzucker
1 Eigelb
1 Prise Salz
1 Pck. Vanillezucker
Abrieb von ½ Bio-Zitrone

Für die Füllung
80 g getrocknete Feigen
80 g getrocknete Datteln
80 g getrocknete Pflaumen
150 g Aprikosenkonfitüre
1 EL brauner Zucker

Außerdem
Sternausstecher (2 cm
und 4 cm hoch)
Tarteform (ø 20 cm)
Puderzucker zum Bestäuben

Für den Mürbeteig alle Zutaten verkneten. Den Teig in Frischhaltefolie wickeln und 1 Std. kalt stellen. Auf der leicht bemehlten Arbeitsfläche 2 mm dünn ausrollen und in die leicht gefettete Tarteform legen; überstehende Ränder abschneiden. Den Boden mit einer Gabel mehrmals einstechen. Den restlichen Mürbeteig verkneten und 2 mm dünn ausrollen. Sterne ausstechen und beiseitelegen.

Den Backofen auf 180 °C Ober- und Unterhitze vorheizen. Für die Füllung die Trockenfrüchte fein würfeln und mit der Konfitüre mischen. Die Füllung auf den Mürbeteigboden geben. Die Sterne auf der Füllung verteilen und die Tarte mit braunem Zucker bestreuen. Zunächst auf dem Backofenboden 10 Min. backen, damit der Mürbeteigboden schön knusprig wird. Anschließend die Tarte auf der mittleren Schiene 20–25 Min. fertig backen.

Vor dem Servieren mit Puderzucker bestreuen.

ZIMTSTERNE
mit Pistazien

ZUBEREITUNGSZEIT: 45 MIN.
(ohne Ruhe- und Backzeit)

Für ca. 30 Stück

3 Eiweiß
Salz
240 g Puderzucker
1 TL Zimt
380 g gemahlene Mandeln
40 g gehackte Pistazien

Außerdem
Mehl zum Ausrollen
Sternausstecher
(ø ca. 3 cm)

Eiweiße mit Salz sehr steif schlagen, nach und nach den Puderzucker zugeben und alles zu einer cremigen Masse rühren. 5 EL der Masse beiseitestellen. Unter den restlichen Eischnee Zimt und Mandeln heben. Den Teig mit Frischhaltefolie abdecken und 1 Std. kalt stellen.

Den Backofen auf 180 °C Ober- und Unterhitze vorheizen. 2 Backpapierbögen mit Mehl bestäuben und den Teig dazwischen ca. 3 mm dick ausrollen. Sterne ausstechen, den restlichen Teig zusammenkneten, erneut ausrollen und weitere Sterne ausstechen.

Die Sterne auf ein mit Backpapier ausgelegtes Backblech legen, mit dem restlichen Eischnee bepinseln und mit gehackten Pistazien bestreuen. Ca. 10 Min. backen. Auskühlen lassen und trocken aufbewahren.

KARDAMOM-PARFAIT
mit Birnenkompott und Schokostreuseln

ZUBEREITUNGSZEIT: 45 MIN.
(ohne Garzeit)

Für 4 Personen

Für das Parfait
50 g Zucker
5 Kardamomkapseln
250 ml Milch
3 Eigelb
300 ml Sahne

Für das Birnenkompott
3 Birnen
Saft von 1 Zitrone
1 Vanilleschote
200 ml Weißwein
60 g Zucker
100 ml Birnensaft
1 Stück Sternanis
1 kleine Zimtstange
2 Gewürznelken

Für die Schokostreusel
50 g Mehl (Type 405)
40 g kalte Butter
50 g Zucker
40 g gemahlene Haselnüsse
10 g Kakaopulver
1 Prise Zimt
1 Prise Salz
Abrieb von 1 Bio-Zitrone
1 Pck. Vanillezucker

Außerdem
4 Porzellanschälchen
Minzeblätter zum Dekorieren

Für das Parfait den Zucker in einer Pfanne karamellisieren. Kardamomkapseln zugeben. Mit Milch ablöschen und leicht einkochen lassen, bis sich das Karamell aufgelöst hat. Die Eigelbe verquirlen. Die heiße Milchmischung unter ständigem Rühren zu den Eigelben geben und die Masse gut durchschlagen. Die Flüssigkeit über dem heißen Wasserbad mit einem Teigschaber zur Rose abziehen, durch ein Sieb streichen und auskühlen lassen. Die Sahne steif schlagen und unter die Masse heben. Die Masse in 4 Schälchen füllen und über Nacht ins Gefrierfach stellen.

Für das Kompott die Birnen schälen, halbieren, vom Kerngehäuse befreien, in feine Scheiben schneiden und mit dem Zitronensaft vermischen. Die Vanilleschote längs halbieren und das Mark herausschaben. Weißwein, Zucker, Birnensaft, Vanilleschote und -mark, Sternanis, Zimtstange sowie Gewürznelken in einem Topf aufkochen. Die Birnenspalten darin 3–5 Min. weich kochen. Auskühlen lassen.

Für die Schokostreusel das Mehl sieben und mit den restlichen Zutaten verkneten. Den Teig in Frischhaltefolie wickeln und 1 Std. kalt stellen. Den Backofen auf 170 °C Unter- und Oberhitze vorheizen. Den kalten Teig mit einer sehr feinen Reibe zu Streuseln reiben. Die Streusel auf einem mit Backpapier ausgelegten Backblech ca. 15 Min. backen. Auskühlen lassen.

Das Parfait in den Schälchen mit Birnen und Schokoladenstreuseln anrichten, mit Minzeblättern dekorieren und sofort servieren.

HASELNUSSTALER

Ergibt 1 Blech

80 g zimmerwarme Butter, 200 g flüssiger Honig, 1 Ei,
4 EL starker Tee, ½ TL Kakaopulver, 1 TL Zimt, ½ TL Vanillezucker,
1 Prise Salz, 80 g gemahlene Haselnusskerne,
200 g Vollkornmehl, 1 TL Backpulver

Außerdem
Mehl für die Arbeitsfläche,
60 g gehackte Haselnusskerne, 1 Eiweiß

In einer Schüssel die Butter schaumig schlagen, dabei nach
und nach den Honig zufügen. Das Ei ebenfalls zugeben
und ca. 1 Min. unterrühren. Dann Tee, Kakao, Zimt,
Vanillezucker, Salz und gemahlene Nüsse untermengen.
Mehl und Backpulver sieben und vorsichtig unterheben.
Alles auf der leicht bemehlten Arbeitsfläche zu einem
glatten Teig verkneten und diesen zu Rollen formen
(ø 3–4 cm). Die Teigrollen in Frischhaltefolie wickeln
und über Nacht kalt stellen. Den Ofen auf 180 °C Ober-
und Unterhitze vorheizen und ein Blech mit Backpapier
auslegen. Die gehackten Haselnüsse auf einen flachen
Teller geben. Das Eiweiß verquirlen und die Teigrollen
damit von allen Seiten bepinseln. Diese dann in den
Nüssen wenden, bis sie rundum bedeckt sind. Die
Teigrollen in ca. 3 mm dünne Scheiben schneiden und
nebeneinander aufs Blech legen. Die Haselnusstaler in
den Ofen geben und in ca. 15 Min. hellbraun backen.
Anschließend mit dem Backpapier vom Blech ziehen und
auskühlen lassen.

SPITZBUBEN

Ergibt 2 Bleche

*300 g Mehl, 100 g Puderzucker,
1 Pck. Vanillezucker, 1 Msp. gemahlener Zimt,
200 g Butter, 2 Eigelb,
250 g Johannisbeerkonfitüre, 2 EL Rum,
Puderzucker zum Bestäuben*

Das Mehl und den Puderzucker in eine große Schüssel sieben, Vanillezucker und Zimt darüberstreuen. Die zimmerwarme Butter in Stückchen schneiden, mit den Eigelben in die Schüssel geben. Alles zu einem glatten Teig verkneten, zu einer Kugel formen, in Frischhaltefolie wickeln und für 30 Min. kalt stellen. Den Backofen auf 180 °C Ober- und Unterhitze vorheizen, Backbleche mit Backpapier auslegen.
Den Teig ca. 3 mm dick ausrollen, mit Förmchen eine gerade Anzahl Kekse ausstechen. In die Hälfte mittig ein ca. 1 cm großes Loch von beliebiger Form stechen. In ca. 10 Min. goldgelb backen, parallel die Konfitüre mit dem Rum erhitzen und glatt rühren. Die Kekse noch heiß vom Backpapier lösen, auf diejenigen ohne Loch je ½ TL Konfitüre geben, ein Plätzchen mit Loch aufsetzen und mit Puderzucker bestäuben.

LEBKUCHENCREME
mit Zwergorangen und Pistazien

ZUBEREITUNGSZEIT: 50 MIN.

Für 8 Personen

Für die Lebkuchencreme
2–3 Blatt Gelatine
150 ml Milch
400 ml Sahne
2 Eigelb (60 g)
20 g Zucker
100 g weiße Schokolade
130 g Lebkuchen

Für die Zwergorangen
200 g Zwergorangen
1 Vanilleschote
30 g Zucker
250 ml Orangensaft
1 Stück Sternanis
1 TL Maisstärke

Außerdem
1 TL grob gehackte Pistazien
8 kleine Silikonformen
(à 60 ml)

Für die Lebkuchencreme die Gelatine in kaltem Wasser einweichen. Milch und 150 ml Sahne in einem Topf aufkochen. Die Eigelbe und den Zucker in einer Schüssel aufschlagen, die heiße Milchmischung unterrühren. Die Masse wieder zurück in den Topf gießen, mit dem Teigschaber zur Rose abziehen (83 °C) und durch ein feines Sieb streichen. Die Schokolade fein hacken und in der heißen Flüssigkeit schmelzen. Die Gelatine gut ausdrücken und in der heißen Masse auflösen. Den Lebkuchen klein schneiden und zugeben. Die Masse 10 Min. ruhen lassen und anschließend mit dem Schneebesen kalt rühren. Die restliche Sahne leicht aufschlagen und unterheben. Die Masse in die Formen füllen und abgedeckt 6 Std. kalt stellen.

Die Zwergorangen in Scheiben schneiden. Die Vanilleschote längs halbieren und das Mark herausschaben. Den Zucker in einer Pfanne karamellisieren. Mit dem Orangensaft ablöschen. Vanilleschote und -mark sowie Sternanis zugeben. Die Flüssigkeit kurz einkochen lassen. Die Maisstärke mit 1 EL kaltem Wasser glatt rühren und in die heiße Flüssigkeit einrühren, bis sie bindet. Vom Herd nehmen und abkühlen lassen.

Vor dem Servieren die Formen kurz in heißes Wasser tauchen. Die Creme auf Teller stürzen, mit gehackten Pistazien bestreuen und mit den Zwergorangen servieren.

THYMIAN-HONIG-TARTELETTES
mit Mango

ZUBEREITUNGSZEIT: 45 MIN.
(ohne Ruhe- und Backzeit)

Für 8 Stück

Für den Teig
150 g Mehl (Type 405) plus
etwas für die Arbeitsfläche
100 g kalte Butter plus etwas
für die Formen
50 g Puderzucker
1 Eigelb
Salz
1 Pck. Vanillezucker
Saft von ½ Zitrone

Für die Füllung
100 g getrocknete Mangos
2 EL ungesüßte Kokosmilch
2 Eier
50 g Puderzucker
1 Prise Salz
Abrieb von ½ Bio-Zitrone
40 g Butter
150 g gemahlene Mandeln
1–2 sehr reife, große Mangos
2 Zweige Thymian
2 EL Honig

Außerdem
8 Tarteförmchen (ø 10 cm)

Für den Teig das Mehl in eine Schüssel sieben. Die Butter in kleinen Stückchen sowie die restlichen Zutaten zugeben und alles zu einem glatten Teig verkneten. Den Teig in Frischhaltefolie wickeln und 60 Min. kalt stellen.

Den Teig auf der leicht bemehlten Arbeitsfläche 2 mm dünn ausrollen, passend zurechtschneiden, in die gefetteten Tarteförmchen legen und gut andrücken. Den Boden mehrmals mit einer Gabel einstechen. Abdecken und 1 Std. oder länger kalt stellen.

Für die Füllung die getrockneten Mangos fein würfeln und mit der Kokosmilch mischen. Abgedeckt 6 Std. bei Zimmertemperatur ziehen lassen. Eier, Puderzucker, Salz und Zitronenabrieb gut schaumig schlagen. Die Butter schmelzen und mit den Mandeln und der Mango-Kokos-Mischung unterrühren. Den Backofen auf 180 °C Ober- und Unterhitze vorheizen. Die Masse in die Tarteformen füllen. Die Tartelettes auf ein Backblech stellen und auf dem Boden des Backofens ca. 25 Min. backen. So wird der Mürbeteig schön knusprig. Etwas abkühlen lassen.

Die Mango schälen und in feine Scheiben schneiden. Die Scheiben auf den Tartelettes verteilen. Den Thymian abbrausen, trocken tupfen und die Blätter abzupfen. Mit dem Honig aufkochen und den Mangobelag damit bestreichen.

ROTWEIN-KIRSCH-TARTE
mit Zitronen-Baiser

ZUBEREITUNGSZEIT: 45 MIN.
(ohne Backzeit)

Für 6 Personen

Für den Teig
150 g Zucker
200 g Walnusskerne
100 g Bitterschokolade
4 Eier
60 g Puderzucker
80 g Mehl (Type 405)
50 ml Rotwein

Für das Zitronen-Baiser
2 Eiweiß
60 g Zucker
Abrieb von 1 Bio-Zitrone

Außerdem
250 g Kirschen (Glas)
1 EL getrocknete Cranberrys
Tarteform (18 cm x 18 cm
oder ø 24 cm)
Spritzbeutel mit Sterntülle
(Nr. 5)

Für den Teig 70 g Zucker in einer Pfanne hellbraun karamellisieren. Die Walnüsse zugeben und gut verrühren. Die Masse auf einen Bogen Backpapier geben und auskühlen lassen. Anschließend grob hacken. Die Schokolade fein hacken, über dem Wasserbad schmelzen und ein wenig abkühlen lassen. Die Eier trennen. Die Eigelbe mit dem Puderzucker schaumig rühren. Die Eiweiße mit dem restlichen Zucker zu cremigem Schnee aufschlagen. Die flüssige Schokolade und die gehackten Walnüsse unter die Eigelbmasse ziehen. Das steife Eiweiß unterheben. Mehl in die Schüssel sieben und mit dem Rotwein unterrühren.

Den Backofen auf 180 °C Ober- und Unterhitze vorheizen. Den Teig in der Tarteform verteilen und glatt streichen. Die Kirschen entkernen und auf dem Teig verteilen. Die Tarte 30–40 Min. backen. Etwas abkühlen lassen.

Den Backofen auf 250 °C Oberhitze vorheizen. Für das Baiser die Eiweiße sehr gut anschlagen, den Zucker nach und nach zugeben und alles zu einer cremigen Masse aufschlagen. Zum Schluss den Zitronenabrieb zugeben. Die Baisermasse in einen Spritzbeutel mit Sterntülle füllen und auf die Kirschtarte spritzen. Im Backofen ganz kurz braun abflämmen. Mit Cranberrys bestreuen und servieren.

Weihnachten auf der Insel

Weit draußen in der Nordsee, viele Seemeilen vom Festland entfernt,
liegt die kleine Insel Helgoland. Im Sommer herrscht hier auf dem roten
Felsen ein lebhaftes Treiben. Aber wenn der Herbst beginnt und die Tage
immer kürzer werden, dann breitet sich eine behagliche Ruhe über der
Insel aus. Eigentlich leben meine Familie und ich im Winter auf dem
Festland. Doch für die letzten Tage des Jahres ziehen wir uns gerne zurück
auf unsere kleine Insel. Schon als Kind konnte ich die Weihnachtsferien
kaum abwarten und mit jedem Türchen, das ich im Adventskalender
öffnete, stieg meine Vorfreude.

Doch einmal braute sich eine Woche vor Heiligabend ein gewaltiges
Unwetter über Norddeutschland zusammen. Plötzlich stand unsere Reise,
und damit unser Weihnachten auf der Insel, auf dem Spiel. Meine Mutter
und mein Bruder Jan, der noch im Kindergartenalter war, nahmen damals
schon einige Tage früher den Flieger nach Helgoland und bereiteten
alles für das Weihnachtsfest vor. Mein Bruder Peer und ich blieben mit
Papa auf dem Festland und sehnten ungeduldig den Ferienanfang herbei.
Doch je näher Weihnachten rückte, desto schlechter schien das Wetter
zu werden. Als der letzte Schultag endlich vorüber war und Peer und
ich voller Vorfreude nach Hause eilten, begrüßte Papa uns mit ernster
Miene. Unser Flug sei wegen des Sturms gestrichen worden. Die einzige
Möglichkeit sei ein Schiff am nächsten Tag, wenn es dann überhaupt die
Leinen losmachen würde, bei so einem Sturm wisse man nie. In dieser
Nacht konnte ich lange nicht einschlafen und betete in meinem Bett
flüsternd zum Himmel: Können wir bitte, bitte morgen nach Helgoland
fahren.

Am nächsten Tag fuhren wir in aller Frühe nach Cuxhaven. Das
Seebäderschiff lag unruhig an der Alten Liebe vertäut und zog und zerrte
an den Seilen. Wir stiegen über die Gangway an Bord. Kalter, nasser
Wind wehte über den Hafen und peitschte uns ins Gesicht. Während
wir uns einen Platz unter Deck suchten, ahnten wir nichts von der
Auseinandersetzung, die sich an diesem Morgen zwischen dem Kapitän
und dem Reeder abgespielt hatte. Der Kapitän weigerte sich, das Schiff

bei diesem Sturm zur Insel zu fahren. Zu gefährlich, sagte er. Da nahm der Reeder, trotz seines stolzen Alters von achtzig Jahren, entschlossen das Steuer selbst in die Hand. Seit fünfzig Jahren fuhr er nun schon Schiffe nach Helgoland und auch in diesem Jahr sollten die Helgoländer Kinder Weihnachten mit ihren Familien feiern können. Durch den tobenden Sturm steuerte er das Schiff hinaus in die Deutsche Bucht, Kurs Helgoland. Wir lagen unter Deck ganz still auf den Bänken und klammerten uns fest, während das Schiff von jeder Welle steil hochgehoben wurde und dann dumpf in das

nächste Wellental donnerte. Nie zuvor hatte ich so eine Angst während einer Seereise gehabt. Erst als wir endlich den Hafen erreichten, wagten wir wieder ruhiger zu atmen. Große Erleichterung und Freude machten sich bei allen Passagieren breit.

An Land fiel ich übermütig in Mamas Arme. Noch schwankte der Boden unter mir und ich war ein bisschen zittrig auf den Beinen. Aber ich war so dankbar und froh, dass wir Weihnachten zusammen feiern konnten, dass ich die schreckliche Seefahrt darüber schnell vergaß. Und dann wurde es auch ein wundervolles Weihnachtsfest, an das wir uns noch heute gerne erinnern.

Insa Conradi

BÛCHE DE NOËL

ZUBEREITUNGSZEIT: CA. 1 STD.
(ohne Kühlzeit)

Für 10 Stücke

Für den Biskuit
100 g Mehl (Type 405)
20 g Kakaopulver
5 Eier (Größe M)
80 g Zucker plus etwas
zum Bestreuen
Salz

Für die Cremefüllung
5 Blatt Gelatine
250 ml Milch
60 g Zucker
Mark von 2 Vanilleschoten
15 g Vanille-Puddingpulver
2 Eigelb
500 ml Sahne
50 g rote Johannisbeerkonfitüre

Für die Dekoration
100 g dunkle Kuvertüre
20 g Kokosfett
Puderzucker zum Bestreuen

Den Backofen auf 200 °C Ober- und Unterhitze vorheizen. Für den Biskuit Mehl und Kakao sieben. Die Eier trennen. Die Eigelbe mit 30 g Zucker und 1 Prise Salz dickcremig schlagen. Die Eiweiße mit dem restlichen Zucker steif schlagen. Ein Drittel des Eischnees mit der Eigelbmasse verrühren. Den restlichen Eischnee sowie die Mehl-Kakao-Mischung unterheben. Die Masse auf ein mit Backpapier ausgelegtes Backblech streichen und 10 Min. backen. Einen Bogen Backpapier mit Zucker bestreuen. Den Biskuit darauf stürzen und auskühlen lassen.

Für die Cremefüllung die Gelatine in kaltem Wasser einweichen. 200 ml Milch, Zucker und Vanillemark aufkochen. Puddingpulver, Eigelb und die restliche Milch mischen und in die kochende Milch rühren. Kurz aufkochen. Die Masse anschließend in eine Schüssel füllen. Die Gelatine ausdrücken und in der Masse auflösen. Die Creme abkühlen lassen. Die Sahne steif schlagen und unterheben.

Den Biskuit mit Konfitüre und zwei Dritteln der Creme bestreichen und mithilfe des Backpapiers einrollen. Den Baumstamm mit der restlichen Creme bestreichen und 1 Std. kalt stellen.

Für die Dekoration ein Backblech, das in den Kühlschrank passt, mit Backpapier belegen. Kuvertüre und Kokosfett über dem Wasserbad lippenwarm schmelzen und verrühren. Vom Herd nehmen, kalt rühren, auf dem Backpapier verstreichen und zum Festwerden kalt stellen. Die Schokolade vom Papier lösen und in Stücke brechen. Den Bûche de Noël damit dekorieren und mit Puderzucker bestreuen.

Köstliches
aus der
SPEISEKAMMER

KÜRBIS-ZIMT-CHUTNEY

ZUBEREITUNGSZEIT: 30 MIN.
(ohne Garzeit)

Für 4 Gläser

1 kg Kürbis
(Hokkaido oder Butternut)
2 mittelgroße Zwiebeln
(ca. 100 g)
50 g Ingwer
50 ml Sonnenblumenöl
300 ml Weißwein
200 ml Mangosaft
¼ TL gemahlener Piment
1 EL Senfkörner
3 Lorbeerblätter
1 Zimtstange
120 g Gelierzucker 2:1

Außerdem
4 Einmachgläser

Den Kürbis schälen, halbieren, von Samen befreien und das Fruchtfleisch in ca. 1 cm große Stücke schneiden. Zwiebeln und Ingwer schälen und fein würfeln.

Das Öl in einer Pfanne erhitzen. Kürbis und Zwiebeln darin anschwitzen. Weißwein und Mangosaft angießen und Piment, Ingwer, Senfkörner, Lorbeerblätter und Zimtstange zufügen. Auf kleiner Flamme ca. 90 Min. köcheln lassen; ggf. etwas Wasser zugeben. Den Gelierzucker einrühren und das Chutney 3 Min. kochen.

Die Zimtstange und nach Wunsch die Lorbeerblätter entfernen. Das Chutney in sterilisierte Gläser füllen und dicht verschließen. Das Chutney hält sich 12 Wochen im Kühlschrank.

APFEL-KONFITÜRE
mit gebrannten Mandeln

ZUBEREITUNGSZEIT: 45 MIN.

Für 4 Gläser

Für die Konfitüre
2 kg säuerliche Äpfel
Saft von 1 Zitrone
2 Zimtstangen
1 Gewürznelke
1 kg Gelierzucker 2:1

Für die gebrannten Mandeln
80 g Zucker
3 Prisen Zimt
100 g Mandeln mit Schale

Außerdem
4 Einmachgläser (à 200 ml)

Für die Konfitüre die Äpfel schälen, vom Kerngehäuse befreien und würfeln. Mit Zitronensaft, Zimt, Nelke und Gelierzucker in einem Topf vermischen und aufkochen. 3 Min. unter Rühren kochen. Den Topf vom Herd nehmen, Zimtstangen und Gewürznelke entfernen und die Konfitüre in sterilisierte Gläser füllen. Verschließen und abkühlen lassen.

Für die gebrannten Mandeln 50 ml Wasser, Zucker und Zimt in einer Pfanne aufkochen. Die Mandeln zufügen und die Masse 15 Min. leicht köcheln, bis der Zucker karamellisiert ist und sich um die Mandeln legt; dabei immer wieder umrühren, damit der Zucker nicht verbrennt. Die Mandeln auf einen Bogen Backpapier geben und auskühlen lassen. Mit der Apfelkonfitüre servieren.

MOKKA-ZIMT-LIKÖR

ZUBEREITUNGSZEIT: 10 MIN.

Für 1 Liter

*250 ml frisch gebrühter,
starker Espresso
50 ml Ahornsirup
150 g brauner Zucker
1 Zimtstange
400 ml Weinbrand*

Den noch heißen Espresso mit Ahornsirup, braunem Zucker und Zimtstange in einem Topf aufkochen. Abkühlen lassen und den Weinbrand zufügen. Die Zimtstange entfernen. Durch ein feines Sieb abseihen und in Glasflaschen füllen.

Der Likör hält sich ca. 4 Wochen im Kühlschrank.

EIERLIKÖR

ZUBEREITUNGSZEIT: 15 MIN.

Für 1 Liter

200 g Zucker
6 Eigelb
1 Ei
1 Vanilleschote
500 ml Milch
200 ml Rum (38 %)

60 g Zucker, die Eigelbe und das Ei in einer Schüssel verrühren und über dem heißen Wasserbad schaumig schlagen. Die Vanilleschote längs aufschneiden und das Mark herausschaben. Die Milch mit Vanilleschote und -mark sowie dem restlichen Zucker in einem Topf aufkochen. Die Vanilleschote entfernen und die Vanillemilch in dünnem Strahl in die Eimasse laufen lassen. Die Masse über dem heißen Wasserbad zur Rose abziehen. Etwas abkühlen lassen und den Rum unterrühren. In Glasflaschen füllen und im Kühlschrank lagern.
Nach dem Öffnen ist der Eierlikör im Kühlschrank ca. 6 Monate haltbar.

SPEKULATIUS

Ergibt 2 Bleche

250 g Butter, 300 g Zucker
100 g Marzipanrohmasse, 1 Ei,
400 g Mehl, 100 g gemahlene Haselnüsse,
1 Prise Salz, 1 Pck. Lebkuchengewürz
100 g Mandelblättchen, 3 EL Milch zum Bestreichen,
Mehl zum Verarbeiten, Butter zum Einfetten

Butter mit Zucker und Marzipan verkneten. Ei, gesiebtes
Mehl, Haselnüsse, Salz und Lebkuchengewürz einarbeiten.
Teig zu einer Kugel formen, in Frischhaltefolie wickeln
und für 2 Std. kalt stellen. Backofen auf 200 °C Ober- und
Unterhitze vorheizen, Model und Backbleche einfetten
und mit Mehl bestäuben. Teig auf der ebenfalls mit Mehl
bestäubten Arbeitsfläche ca. 5 mm dick ausrollen. Passend
große Stücke schneiden, in die Model drücken und
überstehende Ränder entfernen. Mandelblättchen leicht
in die Rückseiten drücken. Spekulatius aus den Modeln
auf die Bleche klopfen. Mit Milch bestreichen und ca.
10 Min. backen, sodass die Mandelblättchen goldgelb sind.
Zum Abkühlen mit einem Pfannenwender von den Blechen
lösen und auf ein Kuchengitter legen.

PISTAZIEN-KARDAMOM-PLÄTZCHEN

Ergibt 24 Plätzchen

50 g ungesalzene Pistazien, 120 g zimmerwarme Butter
50 g Puderzucker, 1 TL gemahlener Kardamom,
150 g Mehl, 1 Prise Salz

Pistazien schälen und grob hacken. In einer Schüssel
Butter und Puderzucker ca. 1 Min. zusammen aufschlagen.
Kardamom, Mehl und Salz zufügen und zu einem glatten
Mürbeteig verkneten. Pistazien unterrühren. Teig zu
einer Rolle (ø 4–5 cm) formen und fest in Frischhaltefolie
einwickeln. Für 2 Std. kalt stellen.
Den Backofen auf 180 °C Ober- und Unterhitze vorheizen
und ein Blech mit Backpapier auslegen. Teig auswickeln,
mit einem scharfen Messer in ca. 1 cm dicke Scheiben
schneiden und auf dem Blech verteilen.
Plätzchen in den Ofen geben und in ca. 10 Min. hellbraun
backen. Plätzchen aus dem Ofen nehmen und komplett
abkühlen lassen.

Oh Tannenbaum!

Noch wenige Tage bis Heiligabend. Mama und Papa fuhren mit den drei
kleinen Kindern zum Gartencenter. Sie wollten einen Weihnachtsbaum
kaufen. Natürlich sollte es ein schöner und besonders großer Baum
sein. Papa hatte ja nicht umsonst einen großen Bus und im Wohnzimmer
war auch Platz für so einen üppigen Baum. Tatsächlich fanden sie ein
passendes Exemplar: ein schön gewachsener Baum, an die drei Meter
hoch. Die Mama hatte allerdings so ihre Bedenken. Ob so ein Ungetüm
auch tatsächlich in den Wagen passte? Aber die Kids stellten klare
Anforderungen an die Größe und den Papa packte der Ehrgeiz.
Der Baum wurde gekauft, in ein Netz gepackt und mit dem Einkaufswagen
zum Parkplatz transportiert. Die Kinder stiegen schon mal ein und
schnallten sich an. Der Papa musste dann aber doch feststellen, dass
es gar nicht so einfach war, so einen Baum in den Bus zu bekommen.
Der Baum war doch recht schwer und unhandlich, irgendwie blieb
das nadelige Ding immer irgendwo hängen, und noch bevor der
Baum vollständig eingeladen war, löste sich das Netz, riss ein und
der Baum spreizte seine bis dahin zusammengepressten Äste beinahe
explosionsartig wieder zur Gänze. Nun füllte er den Wagen bis zur Decke
mit seinem üppigen Grün. Ein beeindruckender Anblick.
Die Kinder jedoch bekamen einen riesigen Schreck, als sie plötzlich
von Zweigen umgeben waren. In dem Tohuwabohu versuchten sie, ihre
Gurte zu lösen und den Wagen wieder zu verlassen, was ihnen sichtlich
Schwierigkeiten bereitete. Eine Passantin, die hinter dem Wagen her-
ging, meinte zum Papa: „Der Baum ist wohl etwas zu groß für den Wagen
oder?" Der Papa darauf genervt: „Nein, das Auto ist nur etwas zu klein
für den Baum!" Mittlerweile hatten sich die Kinder aus dem Wagen
befreit und weigerten sich, wieder einzusteigen. Nur gut, dass es noch
einen großen Bruder gab, der ein eigenes Auto hatte. Also rief der Papa
diesen an, mit der Bitte, seine kleinen Geschwister abzuholen, weil da
ein störrischer Tannenbaum den gesamten Fahrgastraum für sich in
Anspruch nahm. Irgendwann war dann endlich die Heckklappe zu.

Der große Bruder kam auch bald und fuhr seine kleinen Geschwister
nach Hause, wo sie dann auf Mama und Papa warteten und aus sicherer
Distanz zuschauten, wie Papa den Baum in die Wohnung schleppte und
dann aufstellte. Seitdem ist der Bedarf der Kinder, beim Baumkauf dabei
zu sein, nicht mehr so groß. Einen Riesenbaum wollen aber trotzdem alle
jedes Jahr. Holen
können den Papa
und Mama auch
allein - die wissen
ja jetzt, wie es geht.

Bob Eider

163

EINGELEGTE ROTE BETE

ZUBEREITUNGSZEIT: 40 MIN.

Für 3 Gläser

500 g Rote Bete
750 ml trockener Weißwein
(z.B. Riesling)
50 g Zucker
Salz
1 TL Senfkörner
2 Kardamomkapseln
1 TL rote Pfefferkörner
1 TL Koriandersamen

<u>Außerdem</u>
3 Gläser (à 250 ml)

Rote Bete waschen, schälen und in 5 mm dicke Scheiben schneiden. Weißwein mit Zucker und etwas Salz aufkochen. Rote Bete, Senfkörner, Kardamom, Pfeffer und Koriandersamen zugeben und bei niedriger Temperatur 50 Min. köcheln lassen. Die Rote Bete auf Einmachgläser verteilen. Die Gläser mit dem heißen Sud auffüllen und verschließen. 30 Min. im Wasserbad bei 100 °C im Backofen oder auf dem Herd pasteurisieren.

EINGELEGTE BIRNEN

ZUBEREITUNGSZEIT: 25 MIN.

Für 1 großes Einmachglas

6 kleine reife Birnen
1 Bio-Zitrone
1 Stück Ingwer (1 cm)
450 ml Weißweinessig
400 g Zucker
1 Zimtstange
5 Gewürznelken

Außerdem
Einmachglas (2 l)

Die Birnen schälen, halbieren und vom Kerngehäuse befreien. Die Zitrone heiß abwaschen, trocken tupfen und Zesten von der Schale abziehen. Den Ingwer schälen und in feine Scheiben schneiden. Weinessig, 200 ml Wasser, Zucker, Zimtstange und Nelken aufkochen. Die Birnen in den Sud legen und bei niedriger Hitze 20–25 Min. weich kochen. Vom Herd nehmen und im Sud auskühlen lassen. In Einmachgläser füllen und luftdicht verschließen.
Die Birnen halten sich ungeöffnet im Glas ca. 1 Monat.

EINGELEGTE GURKEN

ZUBEREITUNGSZEIT: 20 MIN.

Für 1 großes Einmachglas

700 g kleine Gurken
1 Zwiebel
1 Knoblauchzehe
1 Stängel Liebstöckel
5 Wacholderbeeren
40 g Salz

Außerdem
Einmachglas (1,3 l)

Gurken kalt abwaschen und trocken tupfen. Die Zwiebel schälen und in 3 cm große Stücke schneiden. Den Knoblauch schälen und mit der Hand leicht andrücken. Knoblauch, Zwiebel, Liebstöckel, Wacholderbeeren und Gurken in das Einmachglas geben.

1 l Wasser mit dem Salz aufkochen und kochend heiß über die Gurken gießen; die Flüssigkeit soll die Gurken komplett bedecken. Das Einmachglas verschließen und die Gurken an einem dunklen kühlen Ort mindestens 8 Tage ziehen lassen. Nach dem Öffnen im Kühlschrank aufbewahren.

EINGELEGTE PFLAUMEN

ZUBEREITUNGSZEIT: 30 MIN.

Für 3 Gläser

1 kg Pflaumen
400 ml Weißweinessig
1 Zimtstange
2 Gewürznelken
3 Lorbeerblätter
6 Pfefferkörner

Außerdem
3 Gläser (à 250 ml)

Die Pflaumen waschen, halbieren und entsteinen. Weinessig, 300 ml Wasser, Zimtstange und Gewürznelken in einem großen Topf aufkochen. Die Pflaumen zugeben und ca. 10 Min. köcheln lassen. Die Zimtstange entfernen. Die Pflaumen in sterile Gläser füllen und vollständig mit dem Sud bedecken. In jedes Glas ein Lorbeerblatt und einige Pfefferkörner geben. Sofort heiß verschließen und kühl und dunkel lagern.
Die Pflaumen halten sich ungeöffnet im Glas ca. 2 Monate.

MANDEL-TAHIN-TALER

Ergibt 30 Taler

200 g gemahlene Mandeln, ½ TL Meersalz,
1 TL Backpulver, 200 g Honig,
200 g Tahin, 2 EL Vanilleextrakt,
2 Handvoll ungesalzene Pistazien

Mandeln, Salz und Backpulver in einer Schüssel mischen.
Honig, Tahin und Vanilleextrakt in einem kleinen Topf
4–6 Min. bei mittlerer Hitze erwärmen, bis eine
homogene, flüssige Masse entstanden ist. Die Masse zu
den trockenen Zutaten in die Schüssel geben und gut
verkneten. Teig abgedeckt für 30 Min. in den Kühlschrank
stellen.
Den Ofen auf 180 °C Ober- und Unterhitze vorheizen
und zwei Backbleche mit Backpapier auslegen. Pistazien
schälen und Kerne grob hacken. Den Teig zu Kugeln
(ø 2,5 cm) rollen und mit 5 cm Abstand auf die Backbleche
setzen. Die Kugeln mit einer Gabel leicht eindrücken und
mit Pistazienkernen garnieren.
Anschließend in 8–10 Min. hellbraun backen. Die Taler
aus dem Ofen nehmen und auf einem Gitterrost vollständig
auskühlen lassen.

Weihnachtsbäckerei

Schwedische Zimtplätzchen

Ergibt 65 Plätzchen

375 g Mehl plus etwas für die Arbeitsfläche,
1 TL Backpulver, Abrieb von 1 Bio-Zitrone, 175 g brauner Zucker,
250 g kalte gesalzene Butter, 2 Eier, 2 TL Zimt

Mehl, Backpulver, Zitronenabrieb und 125 g Zucker in
einer Rührschüssel vermischen. Butter mit den Finger-
spitzen in das Mehl kneten, bis ein krümeliger Teig
entsteht. 1 Ei verquirlen, zugeben und alles zu einem
glatten Teig verkneten. Den Teig für 1 Std. oder über Nacht
abgedeckt kalt stellen.
Den Ofen auf 200 °C vorheizen und zwei Backbleche
mit Backpapier auslegen. Teig auf einer bemehlten
Arbeitsfläche dünn ausrollen, Plätzchen ausstechen und
auf die Backbleche verteilen.
Zimt und 50 g Zucker in einer Schüssel vermischen. Das
andere Ei in einer Schüssel verquirlen. Plätzchen mit Ei
bestreichen und die Zimt-Zucker-Mischung daraufstreuen.
Anschließend in ca. 10 Min. goldbraun backen, aus dem
Ofen nehmen und auf einem Gitterrost abkühlen lassen.

APFELKOMPOTT

ZUBEREITUNGSZEIT: 30 MIN.

Für 4 Personen

3 säuerliche Äpfel
100 ml Weißwein
100 ml Apfelsaft
40 g Zucker
1 Zimtstange
1 Gewürznelke
Abrieb von ½ Bio-Orange
Abrieb von ½ Bio-Zitrone

Die Äpfel schälen und in Spalten schneiden, Kerngehäuse entfernen. Wein, Apfelsaft, Zucker, Zimtstange, Nelke und Zitrusabriebe in einem Topf aufkochen. Die Apfelspalten zugeben und bei schwacher Hitze bissfest köcheln. Das Kompott vom Herd nehmen und auskühlen lassen. In Gläser füllen und luftdicht verschließen. Das Kompott hält sich ungeöffnet im Glas ca. 1 Monat.

ORANGEN-PEKANNUSS-CREME

ZUBEREITUNGSZEIT: 20 MIN.

Für 3 Gläser

100 g Pekannüsse
Saft und Abrieb von
1 Bio-Orange
100 ml Milch
70 g Zucker
1 Pck. Vanillezucker
40 g Butter
150 g Bitterkuvertüre

Außerdem
3 Gläser (à 200 ml)

Den Backofen auf 180 °C Ober- und Unterhitze vorheizen. Die Pekannüsse auf ein Backblech geben und im Backofen ca. 10 Min. rösten. Auskühlen lassen und fein hacken oder reiben. Den Orangenabrieb und die Hälfte des Orangensafts in einem Topf mit Milch, Zucker und Vanillezucker aufkochen. Die Butter zugeben. Die Bitterkuvertüre fein hacken und unterrühren. Die Creme mit dem Schneebesen glatt rühren; sollten einige Schokoladenstücke nicht geschmolzen sein, die Creme einige Minuten stehen lassen. Die Pekannüsse unterrühren. Die Creme in Gläser füllen. Luftdicht verschlossen hält sich die Creme bis zu 2 Wochen im Kühlschrank. Sie schmeckt gut zu Hefezopf mit Hagelzucker oder Brot.

Die kleine Weihnachtsstube

Am zweiten Weihnachtsfeiertag ging es in meiner Kindheit immer zu
Oma. Dort kam die ganze Großfamilie zusammen. Wie ich diese Tage
liebte! Meine Oma war eine kleine Frau mit freundlichen Augen, einem
geduldigen Gemüt und hervorragenden Backkünsten. Und die ganze
Familie war aus allen drei Gründen gerne bei ihr zu Besuch. Wir saßen
dicht an dicht auf einem Ecksofa, kleine Cocktailsessel wurden nahe
aneinandergerückt und Oma hatte vorsorglich weitere Sitzmöglichkeiten
improvisiert. Eine Holzkiste wurde zum Hocker oder eine Terrassen-
garnitur zur Sitzgruppe. In der kleinen Stube entstand zwischen Groß
und Klein, zwischen Hosenbein an Hosenbein eine gesellige Wärme. Der
Tannenbaum hatte trotz des kleinen Wohnzimmers meiner Oma und trotz
der vielen Gäste einen festen Platz: Er thronte Jahr für Jahr auf einem
Tisch in der Ecke. Die Lichterkette war kreuz und quer um den Baum
gewickelt und die Kerzen klemmten dabei immer schief auf den kleinen
Ästen. Geschmückt wurde er mit jeder Menge Selbstgebasteltem der
großen Enkelkinderschar.
Den ganzen Abend über wurde gesungen, gelacht und liebevoll verpackte
Geschenke wurden verteilt. Omas selbst gestrickte Socken waren
schon damals heiß begehrt. Noch heute liebe ich die bunt gemusterten
Wollsocken sehr. Natürlich gab es auch jede Menge Leckereien von
herzhaft bis süß. Eine Sache durfte dabei natürlich auf keinen Fall fehlen:
Omas Mohnkuchen! Alle aus der Familie kannten den Tanz, den Oma
vollführte, um ihn zuzubereiten. So wirbelte sie zwischen den knarrenden
Küchenschränken und dem alten Ofen hin und her. Ich kann mich noch
genau an die wohlige Wärme erinnern, die er ausstrahlte. In einer großen
Schüssel knetete sie die Zutaten mit der Hand zu einem duftenden
Teig, verarbeitete den Mohn zu einer saftigen Masse und bereitete die
knusprigen Streusel vor. Angerichtet wurde der Mohnkuchen auf
ihren alten Kuchenplatten mit Goldrand. Und wie der Kuchen duftete,
wenn er dann schließlich in unserer Mitte
serviert wurde. So riecht Weihnachten!

Margarete Krech

Omas Mohnkuchen.

Alles was zum Backen nötig ist." Immer Zimmer

Hefeteig:
500 gr. Mehl
1 Würfel Hefe
80 gr. Zucker
80 gr. Butter
1/4 Ltr. Milch

1. Pr. Salz

Mohnmischung:
375 gr. gemahl. Mohn
250 gr. Zucker
1/4 Ltr Milch
und etwas Butter
mit der kochender Milch
abbrühen
2 Eier
1 Eßl Rum
2 Eßl Öl
100 gr. gemahl. Mandeln

Streußel:
500 gr. Mehl
3/4 Pb Butter
300 gr. Zucker
1. Pr. Salz
Kokosflocken
Butter flüßig.

Mehl gehäuft in eine Schüssel Temperatur.
sieben, Salz an den Rand streuen,
in die Mitte ein Loch angerührte Hefe rein
(Hefe mit lauwarmem Wasser und 1 Teel.
Zucker anrühren und gehen lassen)
Zucker in das Loch.

Butter heiß, kalte Milch dazu
dies lauwarme Mischung
unter den Teig rühren bis
alles glatt ist. 1/2 Std zu=
gedeckt gehen lassen
2 Teile ausrollen und die
Mohnmischung verteilen,
die andere Hälfte darauf
legen
1 kl. Ei mit Zucker schlagen
u. auf die Fläche streichen
damit der Streußel kleben
bleibt.

BRATAPFEL-CHUTNEY

ZUBEREITUNGSZEIT: 60 MIN.

Für 4 Gläser

500 g Zwiebeln
4 säuerliche Äpfel
30 g Walnusskerne
250 ml Weißwein
200 g Zucker
1 Zimtstange
2 Pimentkörner
20 g Rosinen
Saft und Abrieb von
1 Bio-Zitrone
2 EL Balsamicoessig

Außerdem
4 Gläser (à 200 ml)

Den Backofen auf 180 °C Ober- und Unterhitze vorheizen. Die Zwiebeln schälen, halbieren und in Scheiben schneiden. Die Äpfel schälen, vierteln, vom Kerngehäuse befreien und fein würfeln. Die Walnusskerne grob hacken. Zwiebeln und Äpfel mit Weißwein, Zucker, Zimtstange, Pimentkörnern, Rosinen und Walnüssen mischen und in eine kleine ofenfeste Form geben. Im Ofen ca. 50 Min. garen.

Das Chutney in einen Topf füllen. Zitronensaft und -abrieb sowie Balsamicoessig unterrühren. Das Chutney 2 Min. köcheln lassen. Anschließend in Gläser füllen und luftdicht verschließen. Es hält sich ungeöffnet im Glas 4 Wochen.

SCHWARZBROT-KIRSCH-KONFITÜRE

ZUBEREITUNGSZEIT: 30 MIN.

Für 3 Einmachgläser

100 g Schwarzbrot
500 g Kirschen
1 Vanilleschote
250 g Gelierzucker 2:1
6 g Zitronensäure
etwas Rum zum Verschließen

Außerdem
3 Einmachgläser (à 250 ml)

Das Schwarzbrot in feine Stücke schneiden. Die Kirschen waschen und entkernen, alternativ TK-Kirschen verwenden. Die Vanilleschote der Länge nach halbieren und das Mark herausschaben. Brot, Kirschen, Vanilleschote und -mark in einem Topf mit Gelierzucker und Zitronensäure vermischen, langsam aufkochen und ca. 5 Min. köcheln lassen. Die Vanilleschote entfernen. Die Konfitüre heiß in Einmachgläser füllen. Etwas Rum auf den Gläserdeckeln verteilen und anzünden. Die Gläser sofort mit den Deckeln verschließen. Die Konfitüre hält sich ungekühlt ca. 1 Monat, im Kühlschrank etwas länger.

BISCUITS ANIS AU CHOCOLAT

Ergibt 60 Stück

2 Eigelb, 225 g Zucker,
1 Pck. Vanillezucker, 1 Prise Salz,
100 g zimmerwarme Butter, 225 g Mehl,
2 TL gemahlener Anis, 100 g Schokoladenraspel,
150 g dunkle Kuvertüre

Eigelbe schaumig schlagen und nach und nach Zucker,
Vanillezucker und Salz einrieseln lassen. Die Butter in
einem anderen Gefäß cremig rühren und anschließend
zur Eiermasse geben. Das gesiebte Mehl, den Anis und die
Schokoladenraspel untermengen. Alles gut vermischen.
Den Backofen auf 150 °C Ober- und Unterhitze vorheizen.
Aus dem Teig kleine Kugeln formen und diese auf ein
Backblech mit Backpapier setzen. In ca. 15 Min. goldbraun
backen, dann abkühlen lassen. Kuvertüre in einer Schüssel
über dem heißen Wasserbad schmelzen und die Plätzchen
damit bestreichen.

LINZER STERNE

Ergibt 2 Bleche

380 g Mehl, 120 g Puderzucker, 1 Prise Salz,
250 g kalte Butter, 2 Eigelb,
250 g Johannisbeergelee, 1 EL Rum

Mehl, Puderzucker und Salz auf der sauberen Arbeitsfläche
vermischen. Die Butter in Stücke schneiden, zufügen
und mit der Mehlmischung krümelig reiben. Eigelbe
unterkneten und alles zu einem glatten Teig verarbeiten.
Zu einer Kugel formen, in Frischhaltefolie wickeln und
30 Min. kalt stellen.
Den Backofen auf 180 °C Ober- und Unterhitze vorheizen.
Den Teig ca. 3 mm dick ausrollen und mit einem Ausstech-
förmchen Sterne ausstechen. Die Hälfte davon mit einem
Loch (ø 1 cm) versehen. Alle Plätzchen auf Backbleche mit
Backpapier verteilen und in ca. 10 Min. hellbraun backen.
Währenddessen das Gelee mit dem Rum erhitzen. Die
Plätzchen sofort vom Backpapier lösen und auf die ohne
Loch je ½ TL Gelee geben. Die Plätzchen mit Loch obenauf
setzen.

TÜRKISCHES ZIMT-GEBÄCK

Ergibt 36 Stück

Für den Teig
400 g Mehl, 1 Pck. Backpulver, 1 Pck. Vanillezucker,
4 EL Puderzucker, 1 Prise Salz, 250 g Butter,
1 EL Joghurt, 2 EL Öl, 1 Ei

Für die Füllung
350 g Apfelmus, 3 TL Zimt, 30 g gehackte Walnüsse

Außerdem
1 Ei zum Bestreichen, Puderzucker zum Bestäuben

Für den Teig Mehl und Backpulver in eine große Schüssel
sieben. Mit Vanillezucker, Puderzucker und Salz vermen-
gen. Die Butter in Stückchen schneiden und zusammen mit
Joghurt, Öl und Ei untermengen. Alles zu einem glatten
Teig verkneten. Für 30 Min. kalt stellen.
Den Backofen auf 200 °C Ober- und Unterhitze vorheizen.
Für die Füllung das Apfelmus mit Zimt und Walnüssen
vermischen. Den Teig in drei gleich große Stücke teilen
und jeweils zu einem 3 mm dünnen Kreis ausrollen.
Jeden Kreis mit einem Tortenteiler in 12 gleich große
Stücke schneiden. Je 1 TL Füllung auf jedes Teigstückchen
verteilen. Anschließend, mit der Spitze beginnend, wie ein
Hörnchen einrollen.
Die Teiglinge auf ein mit Backpapier ausgelegtes Backblech
legen, mit etwas verquirltem Ei bestreichen und in
30 Min. goldbraun backen. Die abgekühlten Hörnchen mit
Puderzucker bestäuben.

WEIHNACHTLICHE GLÜCKSKEKSE

Ergibt 20 Stück

60 g Butter, 50 g Mehl,
60 g Puderzucker, 2 Eiweiß,
10 g Speisestärke, 4 TL Öl

Butter zerlassen und anschließend mit den restlichen
Zutaten und 4 TL kaltem Wasser verrühren. Für 30
Min. ruhen lassen. Den Backofen auf 160 °C Ober- und
Unterhitze vorheizen. 3 Kreise (ø 9 cm) auf ein Backpapier
vorzeichnen. Als Vorlage kann z. B. der Rand einer Tasse
genutzt werden. Das Backpapier umdrehen, auf das
Backblech legen und auf jeden Kreis etwa 1 TL Teig geben,
gleichmäßig verteilen. Etwa 7 Min. backen, bis die Ränder
goldgelb sind. Mit einem Pfannen-wender die Kekse sofort
vom Blech lösen.
Eine Glücksbotschaft auf jedem Kreis platzieren und rasch
zu Taschen zusammenklappen, die Ränder gut andrücken.
Schnell an den Enden fassen und die geraden Seiten am
Rand eines Glases einbuchten. Kekse auf einem Gitterost
abkühlen lassen. Den restlichen Teig genauso verarbeiten.

Wenn Wünsche in Erfüllung gehen

Da wir im hohen Norden wohnten, konnten wir uns in Bezug auf eine
weihnachtliche Stimmung nicht immer auf das Wetter verlassen: Statt
dicker Schneeflocken bewunderten wir nicht selten sattgrüne Wiesen.
Selbst wenn es der Winter gut mit uns meinte – einen Hügel zum
Erproben des Schlittens suchten unsere Kinder vergebens. Umso mehr
freuten sie sich über die zwei großen Geschäfte mit Spielwarenabteilung,
die es damals in unserer beschaulichen Innenstadt noch gab. Egal
ob es regnete oder schneite, in den großen Schaufenstern war Weihnachten schon viele Wochen vor dem Fest jedes Jahr aufs Neue präsent.
Kein Wunder also, dass unsere Kinder darauf bestanden, bei jedem
samstäglichen Einkauf auf dem Wochenmarkt diese Geschäfte zu
besuchen. Da konnte es draußen noch so trüb sein, hier leuchteten die
Lichterketten. Kuscheltiere, Kaufmannsläden, kleine Kinderküchen und
Puppen ließen die Kinderherzen höherschlagen und Vorfreude auf das
anstehende Fest aufkommen.
In einem Jahr war schnell entschieden, was auf dem Wunschzettel stehen
sollte: Nachdem in unserer Nachbarschaft gerade ein Baby geboren
worden war, wünschten sich unsere Töchter nichts sehnlicher als ein
Baby für unsere Familie. Nun gab es gerade in diesem Jahr eine neue
Babypuppe, die man füttern, baden und wickeln konnte. Zusätzlich zur
Puppe wurde verschiedenstes Zubehör wie Trinknahrung, Brei, Windeln,
Teller, Fläschchen, Löffelchen und vieles mehr angeboten. Unsere
beiden Töchter waren begeistert, ihr Weihnachtswunsch stand fest:
Jede von ihnen wünschte sich eine Babypuppe unter dem Tannenbaum,
der sie dann eine gute Puppenmutter sein wollten. Schon bei meinem
nächsten Einkauf in der Innenstadt kaufte ich zwei Exemplare samt
Grundausstattung. Ich freute mich schon auf die staunenden Augen
meiner Liebsten bei der diesjährigen Bescherung. Am Heiligen Abend
warteten die Kinder ungeduldig auf das Läuten des Glöckchens – das
Zeichen, dass sie nach langem Warten nun endlich das Wohnzimmer
mit Tannenbaum und Geschenken betreten durften. Zwei Puppenbabys
saßen unter dem Tannenbaum und sollten von nun an unsere Familie
vervollständigen. Als unsere Töchter die neuen Puppen in den Händen
hielten, hüpften sie vor Freude durchs Wohnzimmer. Ich tauschte einen

Blick mit meinem Mann und wir wussten, dass mit diesem Geschenk ein langgehegter Wunsch in Erfüllung gegangen war. Natürlich mussten direkt alle Fähigkeiten der Puppen ausprobiert werden. Doch schon das Füttern stellte sich als nicht ganz so einfach heraus wie in der Werbung dargestellt. Die Puppen wollten einfach nicht den Mund öffnen – fast so wie im wirklichen Leben. Als diese Hürde genommen war, taten sich aber gleich neue Fragen auf: Wie sollte der gefütterte Brei nun im Töpfchen landen? Warum musste man der Puppe dazu fest auf den Bauchnabel drücken? Warum lief den Puppen nach dem Baden aus allen Körperöffnungen immer wieder Wasser heraus? Und warum traten den Puppen beim nach dem Essen durchzuführenden Reinigungsprozess mit Spül – und Essigwasser Schaumblasen aus den Augen? Das war natürlich alles andere als lebensecht. So beschäftigte sich die ganze Familie an allen drei Weihnachtstagen immer wieder mit Fragen wie diesen und wir versuchten, den beiden Puppenmüttern Erklärungen fernab der Bedienungsanleitung zu bieten. Obwohl sich sicher nicht alle Erwartungen an die neuen Familienmitglieder erfüllten und in einigen Momenten auch eine leichte Enttäuschung spürbar war, haben unsere Töchter ihre Puppen trotz aller Merkwürdigkeiten geliebt und viele glückliche Stunden mit ihnen verbracht.

Maria Lause

Schwarz-Weiss-Gebäck

Ergibt 1 Blech

290 g Mehl, 125 g Puderzucker,
1 TL Backpulver, 1 Prise Salz, 150 g kalte Butter,
1 Eigelb, 3 TL Kakaopulver

Außerdem
Mehl für die Arbeitsfläche, Milch zum Einpinseln

Mehl, Puderzucker, Backpulver und Salz auf der Arbeitsfläche mischen. Die Butter in Stücken zugeben und mit der Mehlmischung krümelig reiben. Das Eigelb zufügen und alles zu einem glatten Teig verarbeiten. Den Teig in zwei gleich große Hälften teilen und eine davon mit dem Kakao verkneten. Beide Teighälften zu Kugeln formen und in Frischhaltefolie wickeln. Für 2 Std. kalt stellen. Die beiden Teigkugeln auf der leicht bemehlten Arbeitsfläche zu 1 cm dicken Quadraten ausrollen und diese in 1 cm breite Streifen schneiden. Je einen hellen, einen dunklen und wieder einen hellen Streifen nebeneinanderlegen, die benachbarten Kanten mit etwas Milch einpinseln und die Streifen vorsichtig aneinanderdrücken. Nun einen hellen auf einen dunklen und zwei dunkle auf die beiden hellen Streifen legen, dabei wieder alle Kanten mit Milch einpinseln.
Diesen Vorgang wiederholen, sodass sich mehrere quadratische Teigstangen mit je 9 aneinandergesetzten

Streifen ergeben. Diese Stangen in Frischhaltefolie wickeln und für 10 Min. ins Gefrierfach legen, so lassen sie sich anschließend besser schneiden. Den Ofen auf 180 °C Ober- und Unterhitze vorheizen und ein Blech mit Backpapier auslegen. Die Teigstangen mit einem sehr scharfen Messer in 3 mm dünne Scheiben schneiden. Diese nebeneinander aufs Blech legen und in 12 Min. hell backen.
Herausnehmen und auf einem Kuchengitter abkühlen lassen.

Tipp: Wenn es etwas schneller gehen soll, kann man den hellen und den dunklen Teig auch jeweils 3 mm dünn ausrollen, zu zwei gleich großen Rechtecken schneiden, einseitig mit Milch bepinseln, übereinanderlegen und aufrollen. Die Rolle dann ebenfalls kalt stellen, in 3 mm dünne Scheiben schneiden und wie die Quadrate weiterverarbeiten.

Wie die Zeit vergeht

Als mein Bruder und ich noch Kinder waren, verbrachten wir den Heiligen Abend traditionell mit unseren Eltern. Dieser Tag gehörte nur uns als kleine Familie. Am ersten Weihnachtstag hingegen wiederholte sich jedes Jahr dasselbe Ritual: Zwei Brüder meines Vaters lebten mit ihren Familien in unserer direkten Nachbarschaft und natürlich waren wir Kinder neugierig auf die Geschenke unserer Cousinen und Cousins. Da mein Vater der älteste der drei Brüder war, waren wir die Ersten, bei denen sich morgens der Familienbesuch anmeldete. An den folgenden Feiertagen besuchten wir uns dann reihum, spielten gemeinsam mit den neuen Spielsachen und machten uns über die ein oder andere Leckerei her. So erlebte ich Weihnachten schon in meiner Kindheit als Fest der Familie.

Wir Kinder sind erwachsen und unseren eigenen Weg gegangen. Und zuerst schien es so, als ob die Besuchstradition meiner Kindheit ein Ende gefunden hätte. Denn mit meiner Heirat verließ ich meinen Heimatort und lebte fernab von Familie und Verwandtschaft. Als das erste Weihnachtsfest mit eigenen Kindern in der Fremde nahte, stellte sich die Frage: Das Fest der Familie im engen Kreis feiern oder sich mit den Kindern mehrere hundert Kilometer über verstopfte Autobahnen quälen, um gemeinsam mit den Eltern beziehungsweise Großeltern feiern zu können? Nach langem Überlegen kamen wir zu dem Schluss, dass es nur eine Möglichkeit gab: Die Omas und Opas mussten zu uns kommen! So entstand in diesem Jahr eine neue Tradition, die den alten Zauber der Weihnachtstage meiner Kindheit wieder neu aufleben ließ. Meine Eltern trafen einige Tage vor Weihnachten bei uns ein, bepackt mit Geschenken, selbst gebackenen Plätzchen, Kuchen und allerlei anderen Leckereien. Kaum angekommen, wollten sich Oma und Opa unverzüglich nützlich machen und warteten ungeduldig auf jede ihnen zugeteilte Aufgabe. Einfach nur rumsitzen, das ging doch nicht! Mein Mann, der beruflich bedingt nur an den Wochenenden und Feiertagen zu Hause war, hatte sich dagegen auf ganz ruhige Tage gefreut. Oje!

Das ganze Geschehen erreichte mit dem Einstielen des Tannenbaums am Tag vor Heiligabend seinen Höhepunkt. Diese Aufgabe lag fest in

Opas Händen und keiner wurde dieser besser gerecht als er: Selbst wenn der Ständer zu klein und der Baumstamm zu dick war, fand er das richtige Werkzeug, um passend zu machen, was doch passen musste. Sein Wunsch nach Perfektion reichte sogar noch weiter: Fehlte dem Baum an einer Seite ein Zweig, so wurde der Stamm angebohrt und ein Zweig an entsprechender Stelle eingesetzt. War das Werk vollbracht, hatte er nicht selten eine Blessur vorzuweisen. Das sich anschließende Schmücken des Baumes beendete stets Opas Einsatz im Dienst des Tannenbaums.

Am Heiligen Abend selbst war dann Oma gefragt. Jedes Jahr aufs Neue erzählte sie die geliebten Geschichten aus ihrer Kindheit: vom Schäferhund Harras, der laut bellend am 24. Dezember auf die Engel aufmerksam machte, die kurz darauf mit einem lauten Krach einen kleinen Beutel mit Gebäck, Süßigkeiten und den seltenen Orangen durch das offene Fenster in die Stube warfen. Oder vom Christkind, dessen Fußabdrücke auf der Weihnachtstischdecke noch jahrelang zu erkennen waren. Oder vom nächtlichen Aufstehen und dem Schleichen zur Stube, in der die Geschenke bereits aufgebaut lagen, jedoch erst am Morgen des 1. Weihnachtstages an die Kinder verteilt wurden. Neben all diesen Geschichten wurde das Christkind von unseren Kindern und der Oma durch das Singen aller verfügbaren Weihnachtslieder angelockt.

Dann endlich war es so weit: Das Klingeln eines Glöckchens machte uns darauf aufmerksam, dass das Christkind seine Arbeit im Wohnzimmer beendet hatte und nun Zeit für die Bescherung war. Nach dem Auspacken und Bewundern aller Geschenke sowie einem der Familientradition entsprechenden Festessen verkündete Oma, wie reich doch ein jeder beschenkt worden sei und dass wir nun das Weihnachtsfest für dieses Jahr doch wieder einmal gut geschafft hätten. Jedes Mal warfen wir uns vielsagende Blicke zu und schmunzelten – und auch heute wird dieser Satz noch gerne nach der Bescherung zitiert. Jedes Jahr erinnern wir uns alle gerne an diese Weihnachtstage mit den Großeltern, die unwiederbringlich der Vergangenheit angehören. In unserer Erinnerung sind sie aber noch immer präsent und leuchten jedes Jahr an Weihnachten wieder auf.

Und nun sind wir in diesem Jahr auch Großeltern geworden, damit wird das Weihnachtsfest der letzten Jahre wieder der Vergangenheit angehören und wir schaffen Platz für etwas Neues. Lassen wir uns überraschen!

Cornelia Grünewald

Feiner Quarkstollen

Für 1 Stollen

250 g Quark, 200 g Rosinen, Mehl zum Bestäuben,
50 g Orangeat, 100 g Zitronat, 500 g Mehl
1 Pck. Backpulver, 200 g Zucker, Abrieb von 1 Bio-Zitrone,
2 Eier, 2 EL Rum, 400 g Butter, 150 g Mandelstifte,
Puderzucker zum Bestäuben

Backofen auf 180 °C vorheizen und ein Backblech mit
Backpapier auslegen. Den Quark abtropfen lassen, Rosinen
mit Mehl bestäuben. Orangeat und Zitronat fein würfeln.
Das Mehl mit dem Backpulver auf die Arbeitsfläche
sieben und eine Mulde eindrücken. In die Mulde Zucker,
Zitronenabrieb, Eier und Rum geben und verrühren.
200 g von der Butter in Stückchen zugeben, dann Quark,
Rosinen, Mandelstifte sowie Orangeat und Zitronat
einarbeiten. Alles zu einem glatten Teig verkneten. Einen
Stollen formen und auf das Backblech legen. In 1–1¼ Std.
fertig backen (Stäbchenprobe machen). Kurz vor Ende
der Backzeit die restliche Butter in einem Topf zerlassen.
Stollen aus dem Ofen nehmen, mit der heißen Butter
übergießen und mit dem Puderzucker bestäuben.

Weihnachtsbäckerei

KOKOS-MAKRONEN

Ergibt 2 Bleche

6 Eiweiß, 500 g Zucker,
2 Pck. Vanillezucker,
500 g Kokosraspel

Den Backofen auf 160 °C (Umluft 140 °C) vorheizen,
Backbleche mit Backpapier auslegen. Die Eiweiße zu
steifem Schnee schlagen, Zucker und Vanillezucker
einrieseln lassen und weiterschlagen. Zuletzt die Kokosraspel unterheben. Mithilfe eines Kugelformers Häufchen
auf das Blech setzen. Ca. 20 Min. backen, nur leicht
bräunen lassen.

Tipp: Kugelformer gibt es im Haushaltswarenladen zu kaufen.
Man kann die Makronen aber auch wie schon Großmutter
mithilfe von zwei angefeuchteten Esslöffeln formen.

Register

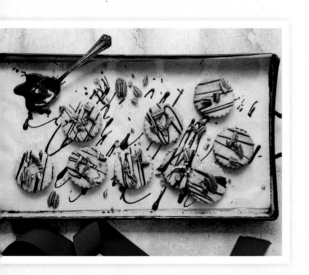

MERRY CHRISTMAS

33c

35c
BEST CHRISTMAS WISHES

Register

Weihnachstbäckerei

Register

AUTOREN

FOTOGRAFIE

Melina Kutelas startete ihre Karriere als Fashion-Stylistin in London, bis es sie 2014 wieder in ihre Heimatstadt Wien zog. Im Jahr 2015 gründete sie ihren Foodblog und begann wenig später, als Food-Fotografin und Stylistin zu arbeiten.

www.aboutthatfood.com

REZEPTENTWICKLUNG UND FOODSTYLING

Alexander Höss-Knakal ist in Wien geboren und lebt in Klosterneuburg. Sein Handwerk lernte er in renommierten Sternerestaurants, seit 1997 ist er selbstständig als Food-Stylist und Rezeptautor tätig. Seine Rezepte bestechen durch ausgewählte Zutaten, feine Kombinationen und sind für Augen und Gaumen ein Hochgenuss. Neben seiner Arbeit für Kochbücher und Magazine gibt er sein kulinarisches Wissen außerdem als Kochlehrer weiter.

www.hoessknakal.com

LAYOUT UND SATZ

Gesa Sander studierte Kommunikationsdesign und lebt als freie Illustratorin und Grafikerin in Hamburg. Ihre Liebe zu Kochbüchern ist ungebrochen – mit großer Begeisterung verleiht sie jedem Buch das besondere Etwas.

www.gesasander.de

Die Weihnachtserzählungen in diesem Buch beruhen auf wahren Begebenheiten. Wir bedanken uns ganz herzlich bei allen Autoren, die uns ihre Geschichte anvertraut und damit dieses Buch mitgestaltet haben. Einige Urheber veröffentlichen unter einem Pseudonym.

FSC
www.fsc.org

MIX
Papier aus verantwor-
tungsvollen Quellen
FSC® C144853

5 4 3 2 1   24 23 22 21 20
978-3-88117-113-7

Rezeptentwicklung und Foodstyling: Alexander Höss-Knakal
Fotografie: Melina Kutelas
Layout und Satz: Gesa Sander
Lektorat Rezepte: Dr. Christine Schlitt
Lektorat Geschichten: Stefanie Schweizer
Illustrationen: Elena Medvedeva/Shutterstock
Nostalgische Weihnachtsmotive: Barbara Behr (S. 5, S. 21, S. 37,
S. 50, S. 51, S. 57, S. 73, S. 85, S. 93, S. 97, S. 105, S. 127, S. 147,
S. 163, S. 189, S. 192, S. 196, S. 197)
Redaktion: Franziska Grünewald
Herstellung: Anja Bergmann
Lithographie: FSM Premedia GmbH & Co. KG, Münster

www.hoelker-verlag.de